AUTOS
UND WIE SIE
FUNKTIONIEREN

Text von
Gordon Cruickshank

Illustriert von
Alan Austin

Tessloff Verlag

A DORLING KINDERSLEY BOOK

Herausgeber: Marie Greenwood
Stephan Setford

Art Editor: Christopher Gillingwater
Designer: Peter Radcliffe

Leitender Art Direktor: Chris Scollen

Redaktionelle Leitung: Jacquie Gulliver
Redaktionelle Bearbeitung: Ann Kramer

Berater: Christopher Gill
Herstellung: Shelagh Gibson

Copyright © 1992 Dorling Kindersley
Limited, London

Copyright © 1993 Tessloff Verlag, Nürnberg

Aus dem Englischen von Simone Wiemken

Alle Rechte, insbesondere die des Nachdrucks,
der Entnahme von Abbildungen, der Vervielfältigung
und Verbreitung
sowie der Einspeicherung und Verarbeitung
in elektronischen Systeme vorbehalten.

ISBN 3-7886-981-8
Artes Gráficas Toledo, S.A.
D.L.TO:1793–1992

INHALT

4	Die Anfänge
6	Vom Zeichenbrett zum Autohändler
10	Der Motor
12	Das erste Auto
14	Ein Auto für jedermann
16	Oldtimer
18	Autofahren mit Stil
20	Luxusautomobile
22	Der amerikanische Lebensstil
26	Sportwagen
28	Sicherheit über alles
30	Inspektion
32	Veränderte Formen
34	Die Karosserie
36	Freizeitvergnügen
38	Panne
40	Verblüffende Autos
44	Über Stock und Stein
46	Kleinwagen

48	Im Gelände
50	Formel-Eins-Rennen
54	Autos im Film
56	Auto-Rekorde
58	Ein weltweites Verkehrschaos
62	Die Autos der Zukunft
64	Register

DIE ANFÄNGE

Das Auto ist aus unserem Leben nicht mehr wegzudenken. Es ist das Ergebnis jahrelanger Forschungs- und Entwicklungsarbeit. Es funktioniert heute noch nach demselben Prinzip wie vor 50 Jahren, verbraucht aber nur noch halb soviel Benzin. Moderne Autos springen immer sofort an und werden mit der Sommerhitze ebenso gut fertig wie mit verschneiten Straßen. Harte Tests auf der Straße und im Labor stellen sicher, daß die modernen Autos allen Wetterbedingungen gewachsen sind. Elektronische Motorsteuerungen machen es möglich, stundenlang mit Geschwindigkeiten von mehr als 100 km/h zu fahren. Da moderne Autos von Computern entworfen werden (Seite 7), sind sie sowohl leichter als auch stabiler als frühere Modelle. Jedes neue Modell wird strengen Sicherheitstests unterworfen und ist mit Sicherheitsgurten und Verbundglasscheiben ausgestattet (Seite 28–29).

Mit modernen Autos fahren wir schneller und wirtschaftlicher als je zuvor. Doch der Preis dafür ist hoch. Die rasch zunehmende Zahl der Autos trägt zur Umweltverschmutzung und zum Verkehrschaos bei (Seite 58–61). Um diese Probleme zu lösen, arbeiten Fachleute an neuen Konzepten für den Bau, den Antrieb und die Nutzung von Autos.

Bremskraft

Einwandfrei funktionierende Bremsen sind für sicheres Autofahren unerläßlich. Die Feststellbremse bedient der Fahrer mit der Hand über einen Hebel; sie wird meistens nur zum Parken benutzt. Die Fußbremse dient dazu, die Fahrt zu verlangsamen. Es gibt zwei Arten von Bremsen: die Trommelbremse und die Scheibenbremse. Beide arbeiten hydraulisch, das heißt, durch den Druck einer Flüssigkeit. Durch Niederdrücken des Bremspedals wird im Hauptbremszylinder ein Kolben bewegt. Dadurch wird die Flüssigkeit durch die Bremsleitungen zu den kleinen Radbremszylindern gepreßt. Die Flüssigkeit drückt auf die Kolben in den Zylindern, und die Bremsen greifen.

Bei einer Scheibenbremse werden die Bremsklötze beidseitig auf eine am Rad befestigte Eisenscheibe gepreßt

Bei einer Trommelbremse pressen sich die Bremsbacken gegen eine am Rad befestigte Metalltrommel

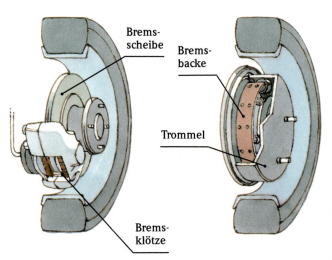

Bremsscheibe
Bremsbacke
Trommel
Bremsklötze

Vor der Abfahrt

Der japanische Nissan Sunny ist ein vielseitig nutzbares Auto. Noch vor einiger Zeit wäre sein Motor nur in einem Sportwagen zu finden gewesen. Die Karosserie ist windschnittig (Seite 32–33), und der Wagen hat Vorderradantrieb (Seite 5). Dank der schrägen Heckklappe und der umklappbaren Rücksitze können Gepäck oder sperrige Gegenstände untergebracht werden.

Vor Antritt einer Fahrt überprüft ein guter Fahrer Öl- und Wasserstand sowie den Reifendruck und putzt die Scheiben seines Wagens

Zwei Scheibenwischer reinigen die Windschutzscheibe bei Regen oder Schnee; einer von ihnen wird von einem Elektromotor angetrieben, der andere ist über eine Stange oder einen Seilzug mit ihm verbunden

Hell und deutlich

Diese Scheinwerfer enthalten große, besonders helle Glühlampen. Der Entwurf durch Computer sorgt dafür, daß sie die Fahrbahn gut ausleuchten, ohne andere Fahrer zu blenden (Seite 45).

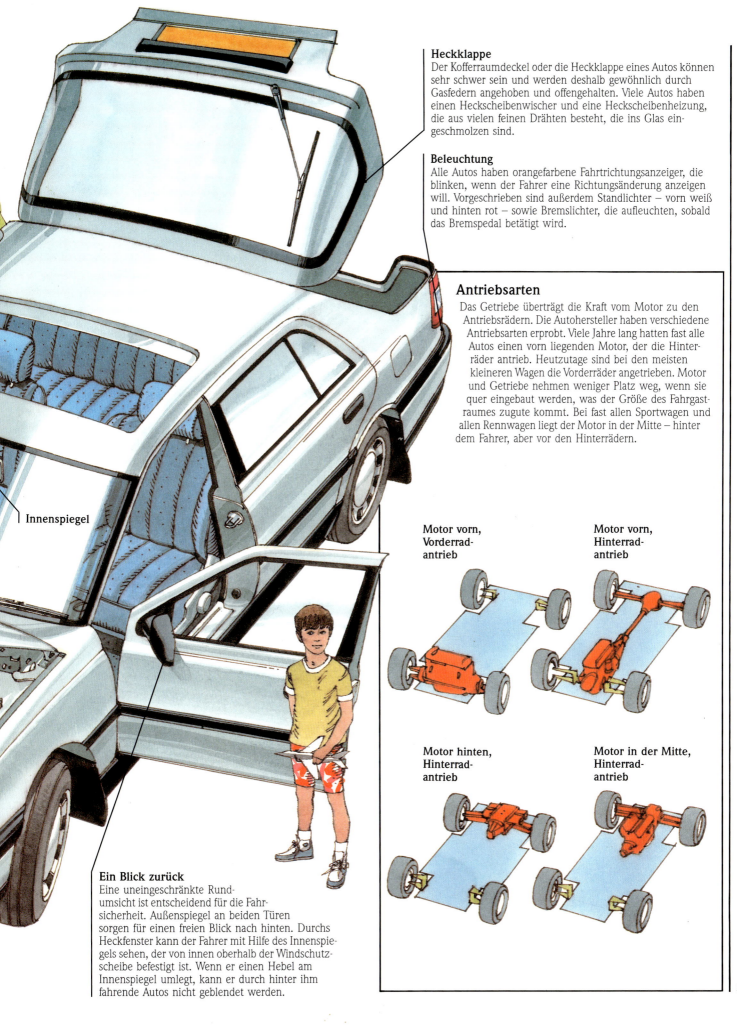

Heckklappe
Der Kofferraumdeckel oder die Heckklappe eines Autos können sehr schwer sein und werden deshalb gewöhnlich durch Gasfedern angehoben und offengehalten. Viele Autos haben einen Heckscheibenwischer und eine Heckscheibenheizung, die aus vielen feinen Drähten besteht, die ins Glas eingeschmolzen sind.

Beleuchtung
Alle Autos haben orangefarbene Fahrtrichtungsanzeiger, die blinken, wenn der Fahrer eine Richtungsänderung anzeigen will. Vorgeschrieben sind außerdem Standlichter – vorn weiß und hinten rot – sowie Bremslichter, die aufleuchten, sobald das Bremspedal betätigt wird.

Antriebsarten
Das Getriebe überträgt die Kraft vom Motor zu den Antriebsrädern. Die Autohersteller haben verschiedene Antriebsarten erprobt. Viele Jahre lang hatten fast alle Autos einen vorn liegenden Motor, der die Hinterräder antrieb. Heutzutage sind bei den meisten kleineren Wagen die Vorderräder angetrieben. Motor und Getriebe nehmen weniger Platz weg, wenn sie quer eingebaut werden, was der Größe des Fahrgastraumes zugute kommt. Bei fast allen Sportwagen und allen Rennwagen liegt der Motor in der Mitte – hinter dem Fahrer, aber vor den Hinterrädern.

Motor vorn, Vorderradantrieb

Motor vorn, Hinterradantrieb

Motor hinten, Hinterradantrieb

Motor in der Mitte, Hinterradantrieb

Innenspiegel

Ein Blick zurück
Eine uneingeschränkte Rundumsicht ist entscheidend für die Fahrsicherheit. Außenspiegel an beiden Türen sorgen für einen freien Blick nach hinten. Durchs Heckfenster kann der Fahrer mit Hilfe des Innenspiegels sehen, der von innen oberhalb der Windschutzscheibe befestigt ist. Wenn er einen Hebel am Innenspiegel umlegt, kann er durch hinter ihm fahrende Autos nicht geblendet werden.

VOM ZEICHENBRETT ZUM AUTOHÄNDLER

Bevor ein Auto anfängt, auf dem Zeichenbrett des Konstrukteurs Form anzunehmen, muß sich die Herstellerfirma erst einmal darüber klar werden, was für eine Art Auto sie haben will. Soll es ein einfaches Fahrzeug sein, von dem große Stückzahlen zu niedrigen Preisen verkauft werden? Oder ein Luxusauto, von dem wesentlich weniger zu einem deutlich höheren Preis abgesetzt werden? Ein Kombi, ein Sportwagen oder eine Limousine? Sobald die Entscheidung gefallen ist, werden die Grundvoraussetzungen an das Konstruktionsbüro weitergegeben. Da es mehrere Jahre dauern kann, bis das Auto in den Handel kommt, müssen die Konstrukteure vorausdenken, damit das Auto nicht schon zu Beginn seiner Laufbahn unmodern ist. Jeder Bestandteil eines neuen Autos wird getestet, im Computer, im Labor, im Windkanal (Seite 33) und auf der Straße. Die ersten Fahrzeuge, die „Prototypen", werden von Hand gebaut. Später laufen dann die Fließbänder an für eine Versuchsreihe von 50 oder 100 Stück. Wenn diese Fahrzeuge dann noch einmal geprüft worden sind, kann die eigentliche Produktion anlaufen.

Ein Auto entsteht
Ein neues Auto entsteht zwischen Filzstiften, Klebeband, Ton und Computern. Neben der Entwicklung des neuen Modells arbeiten die Kontrukteure aber auch noch an vielen anderen Projekten. Dazu gehören Verbesserungen für Modelle, die bereits auf dem Markt sind – zum Beispiel leichter lesbare Anzeigen –, aber auch Entwürfe für Ausstellungsfahrzeuge oder Autos der Zukunft (Seite 62 – 63).

2 Ein kleines Kunstwerk
Der fertige Entwurf wird weitergereicht in die Modellabteilung. Dort wird aus feinem Ton über einem Styroporblock ein maßstabsgetreues Modell angefertigt, das dann mit Sprayfarbe lackiert wird. Manchmal wird auch nur ein halbes Modell gebaut, um Zeit und Geld zu sparen. Wenn man es dann vor einen Spiegel stellt, sieht es aus wie ein ganzes Auto.

1 Unzählige Ideen
Die Zeichner müssen eine ansprechende, stromlinienförmige Karosserie entwerfen, in der Platz ist für alle wichtigen Teile des Autos und die gleichzeitig den Benutzern einen gewissen Komfort bietet. Im letzten Arbeitsgang machen sie in Originalgröße eine „Zeichnung" aus schwarzem Klebeband auf einer weißen Wand, um festzustellen, ob die Proportionen stimmen.

Die engere Wahl
In großen Firmen arbeiten die Konstrukteure stets an mehreren Entwürfen für ein neues Modell zur gleichen Zeit und machen zum Teil Hunderte von Zeichnungen. Diese werden dann geprüft und besprochen, bis man sich schließlich auf einen Entwurf geeinigt hat.

Die Zeichner arbeiten mit Filzstiften und Sprühpistolen

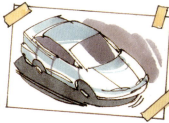

Das Auto muß aus jeder Blickrichtung gut aussehen

3 Eine Testfahrt auf dem Tisch

Beim Entwurf von neuen Autos spielen Computer eine wichtige Rolle. Wenn sich der Hersteller für eine bestimmte Form entschieden hat, stellen die Konstrukteure ein Computerbild von dem neuen Auto und all seinen Teilen her. Mit seiner Hilfe überprüfen sie Dinge wie Kraft und Gewicht des Autos, die Größe des Innenraums und die Federung (Seite 34–35). Mit dem Computer können die Konstrukteure ein Auto schon testen und verändern, noch bevor es gebaut wurde.

Testfahrten

Testfahrer verbringen ein Jahr oder noch länger in glühendheißen Wüsten oder im Schnee der Arktis auf der Suche nach Schwachstellen. Sie testen die handgearbeiteten Prototypen oder Fahrzeuge aus der Versuchsreihe, die bereits am Fließband gebaut wurden. Nach Abschluß der Tests werden diese Fahrzeuge verschrottet oder in Crash-Tests (Seite 28–29) eingesetzt. Die Hersteller geben sich große Mühe, die neuen Modelle geheimzuhalten bis zu dem Tag, an dem sie offiziell der Öffentlichkeit vorgestellt werden. Für die Testfahrten werden die Autos oft durch besondere Lackierungen sowie Aufbauten aus Hartpappe oder Fiberglas getarnt. Manchmal werden sogar falsche Markenzeichen angeklebt, um die „Spione" von den Autozeitschriften zu verwirren.

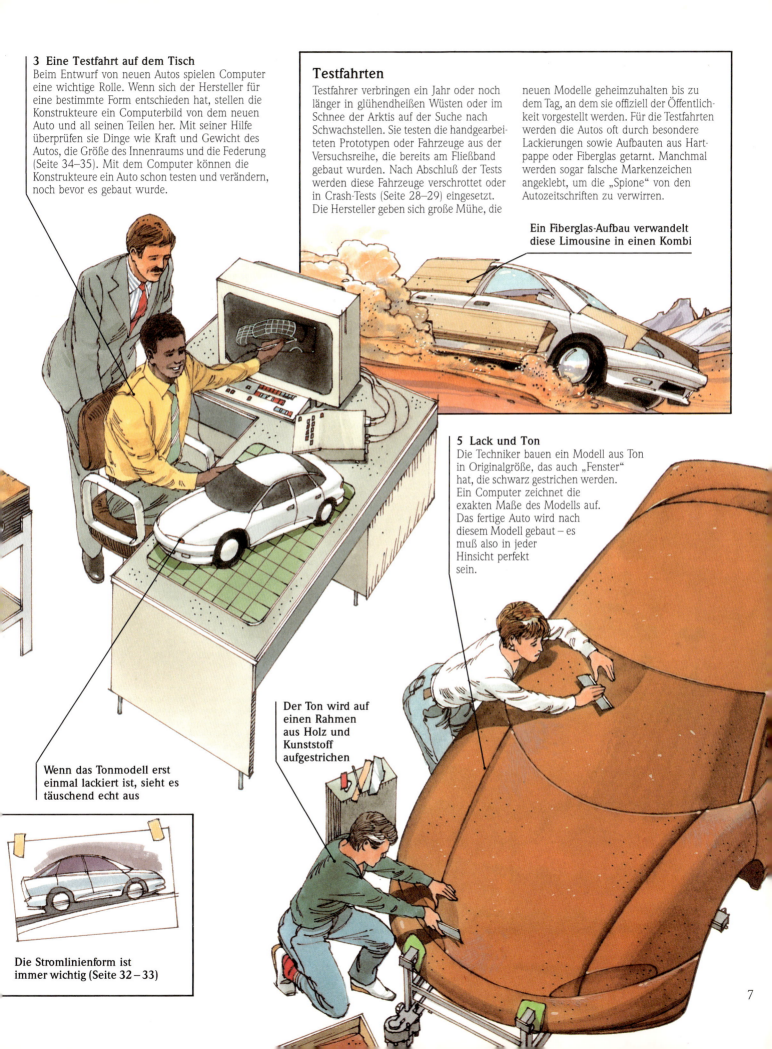

Ein Fiberglas-Aufbau verwandelt diese Limousine in einen Kombi

5 Lack und Ton

Die Techniker bauen ein Modell aus Ton in Originalgröße, das auch „Fenster" hat, die schwarz gestrichen werden. Ein Computer zeichnet die exakten Maße des Modells auf. Das fertige Auto wird nach diesem Modell gebaut – es muß also in jeder Hinsicht perfekt sein.

Der Ton wird auf einen Rahmen aus Holz und Kunststoff aufgestrichen

Wenn das Tonmodell erst einmal lackiert ist, sieht es täuschend echt aus

Die Stromlinienform ist immer wichtig (Seite 32–33)

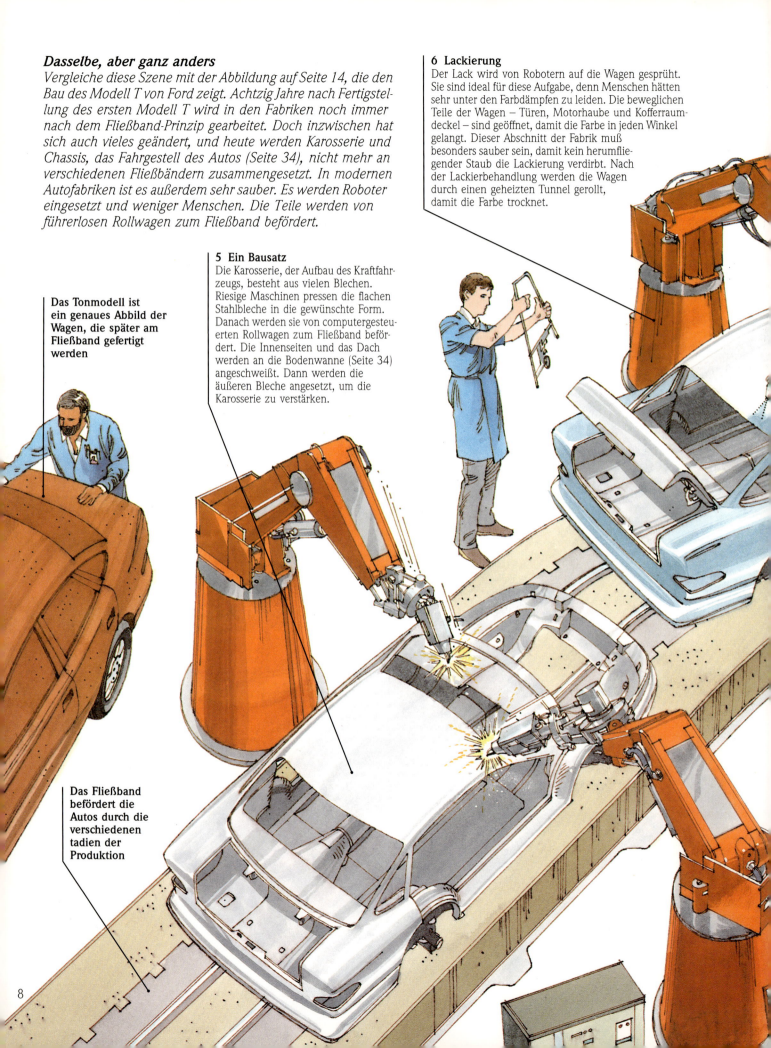

Dasselbe, aber ganz anders
Vergleiche diese Szene mit der Abbildung auf Seite 14, die den Bau des Modell T von Ford zeigt. Achtzig Jahre nach Fertigstellung des ersten Modell T wird in den Fabriken noch immer nach dem Fließband-Prinzip gearbeitet. Doch inzwischen hat sich auch vieles geändert, und heute werden Karosserie und Chassis, das Fahrgestell des Autos (Seite 34), nicht mehr an verschiedenen Fließbändern zusammengesetzt. In modernen Autofabriken ist es außerdem sehr sauber. Es werden Roboter eingesetzt und weniger Menschen. Die Teile werden von führerlosen Rollwagen zum Fließband befördert.

6 Lackierung
Der Lack wird von Robotern auf die Wagen gesprüht. Sie sind ideal für diese Aufgabe, denn Menschen hätten sehr unter den Farbdämpfen zu leiden. Die beweglichen Teile der Wagen – Türen, Motorhaube und Kofferraumdeckel – sind geöffnet, damit die Farbe in jeden Winkel gelangt. Dieser Abschnitt der Fabrik muß besonders sauber sein, damit kein herumfliegender Staub die Lackierung verdirbt. Nach der Lackierbehandlung werden die Wagen durch einen geheizten Tunnel gerollt, damit die Farbe trocknet.

5 Ein Bausatz
Die Karosserie, der Aufbau des Kraftfahrzeugs, besteht aus vielen Blechen. Riesige Maschinen pressen die flachen Stahlbleche in die gewünschte Form. Danach werden sie von computergesteuerten Rollwagen zum Fließband befördert. Die Innenseiten und das Dach werden an die Bodenwanne (Seite 34) angeschweißt. Dann werden die äußeren Bleche angesetzt, um die Karosserie zu verstärken.

Das Tonmodell ist ein genaues Abbild der Wagen, die später am Fließband gefertigt werden

Das Fließband befördert die Autos durch die verschiedenen tadien der Produktion

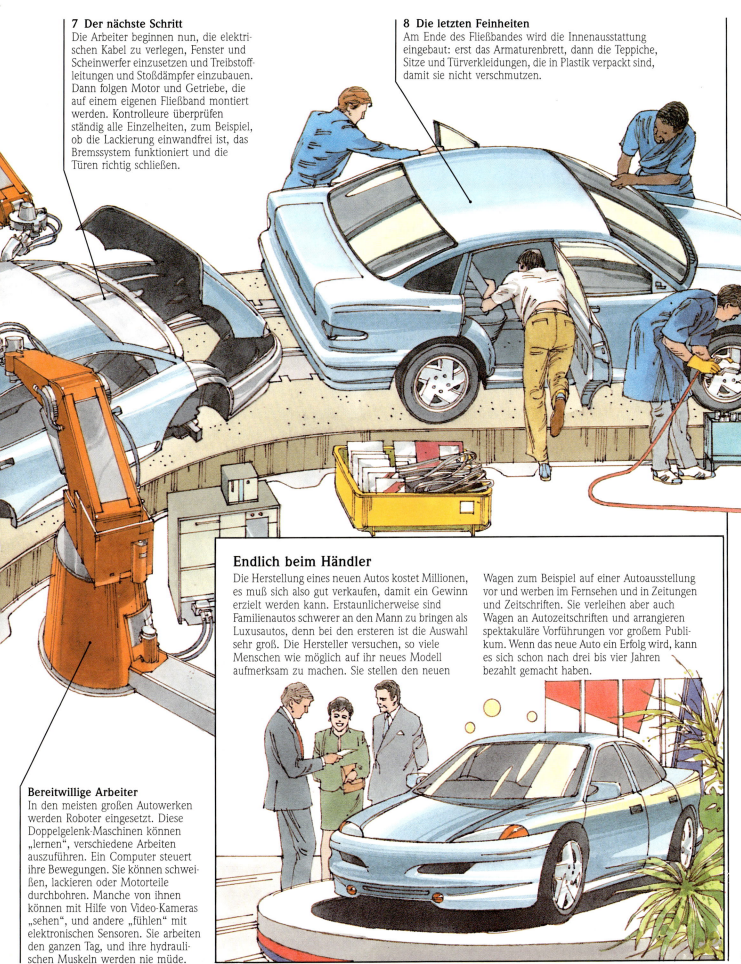

7 Der nächste Schritt

Die Arbeiter beginnen nun, die elektrischen Kabel zu verlegen, Fenster und Scheinwerfer einzusetzen und Treibstoffleitungen und Stoßdämpfer einzubauen. Dann folgen Motor und Getriebe, die auf einem eigenen Fließband montiert werden. Kontrolleure überprüfen ständig alle Einzelheiten, zum Beispiel, ob die Lackierung einwandfrei ist, das Bremssystem funktioniert und die Türen richtig schließen.

8 Die letzten Feinheiten

Am Ende des Fließbandes wird die Innenausstattung eingebaut: erst das Armaturenbrett, dann die Teppiche, Sitze und Türverkleidungen, die in Plastik verpackt sind, damit sie nicht verschmutzen.

Bereitwillige Arbeiter

In den meisten großen Autowerken werden Roboter eingesetzt. Diese Doppelgelenk-Maschinen können „lernen", verschiedene Arbeiten auszuführen. Ein Computer steuert ihre Bewegungen. Sie können schweißen, lackieren oder Motorteile durchbohren. Manche von ihnen können mit Hilfe von Video-Kameras „sehen", und andere „fühlen" mit elektronischen Sensoren. Sie arbeiten den ganzen Tag, und ihre hydraulischen Muskeln werden nie müde.

Endlich beim Händler

Die Herstellung eines neuen Autos kostet Millionen, es muß sich also gut verkaufen, damit ein Gewinn erzielt werden kann. Erstaunlicherweise sind Familienautos schwerer an den Mann zu bringen als Luxusautos, denn bei den ersteren ist die Auswahl sehr groß. Die Hersteller versuchen, so viele Menschen wie möglich auf ihr neues Modell aufmerksam zu machen. Sie stellen den neuen Wagen zum Beispiel auf einer Autoausstellung vor und werben im Fernsehen und in Zeitungen und Zeitschriften. Sie verleihen aber auch Wagen an Autozeitschriften und arrangieren spektakuläre Vorführungen vor großem Publikum. Wenn das neue Auto ein Erfolg wird, kann es sich schon nach drei bis vier Jahren bezahlt gemacht haben.

DER MOTOR

Das Herz jedes Kraftfahrzeugs ist der Motor, denn er erzeugt die Kraft, die notwendig ist, um den Wagen in Bewegung zu setzen. Moderne Verbrennungsmotoren funktionieren noch heute nach demselben Prinzip wie schon vor mehr als einem Jahrhundert (Seite 12). Sie verbrennen Treibstoff, gewöhnlich eine Mischung aus Benzin und Luft. Jeder der Zylinder arbeitet im Viertakt – einer Folge von vier Bewegungen, die ständig wiederholt werden und Kraft erzeugen. Allerdings sind moderne Motoren wesentlich zuverlässiger, verbrauchen weniger Kraftstoff, sind leiser und laufen ruhiger. Probleme mit der Verschmutzung der Umwelt und die knapper werdenden Ölvorräte haben jedoch dazu geführt, daß bereits an Alternativen zum Verbrennungsmotor gearbeitet wird. Doch zur Zeit sitzen noch fast alle Autofahrer hinter einem Viertaktmotor.

Verborgene Kräfte

Im Innern des Motors haben Hunderte von Teilen damit zu tun, den Kraftstoff in Bewegung umzuwandeln. In der Mitte des Motors treibt explodierender Kraftstoff die Kolben auf und ab. Sie treiben die Kurbelwelle an, die mit der Kupplung sowie mit dem Getriebe und den Rädern verbunden ist. Weiter oben öffnen und schließen sich Ventile, die die Kolben mit Treibstoff versorgen. All diese Teile befinden sich im Motorblock, der zudem von Wasser- und Ölleitungen durchzogen ist.

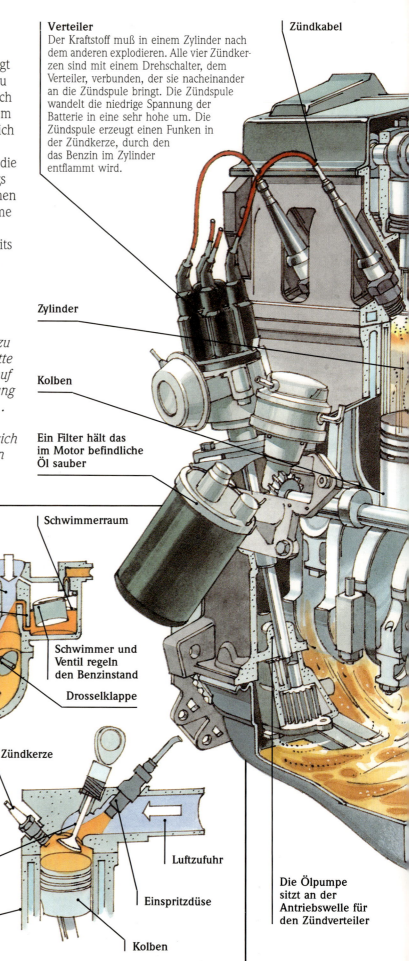

Verteiler
Der Kraftstoff muß in einem Zylinder nach dem anderen explodieren. Alle vier Zündkerzen sind mit einem Drehschalter, dem Verteiler, verbunden, der sie nacheinander an die Zündspule bringt. Die Zündspule wandelt die niedrige Spannung der Batterie in eine sehr hohe um. Die Zündspule erzeugt einen Funken in der Zündkerze, durch den das Benzin im Zylinder entflammt wird.

Zündkabel

Zylinder

Kolben

Ein Filter hält das im Motor befindliche Öl sauber

Die Ölpumpe sitzt an der Antriebswelle für den Zündverteiler

Vergaser

Der Vergaser bereitet kontinuierlich das Benzin-Luft-Gemisch auf, das in den Motor gelangt. Er funktioniert, weil die Kolben Benzin und Luft gleichzeitig ansaugen. An einer Stelle, dem Lufttrichter, ist der Durchlaß des Mischrohrs sehr eng; hier ist die Saugkraft am größten. Einströmende Luft saugt durch ein winziges Loch den Kraftstoff aus einem Schwimmerraum an. Je schneller die Luft vorbeiströmt, desto mehr Kraftstoff wird angesaugt. Diese Mischung aus Luft und Benzin bildet ein brennbares Gas.

Luftzufluß
Mischrohr
Kraftstoffzufluß
Zündkerze
Schwimmerraum
Schwimmer und Ventil regeln den Benzinstand
Drosselklappe

Benzineinspritzung

Ein anderes, leistungsfähigeres System ist die Benzineinspritzung. Eine kleine Pumpe spritzt den Kraftstoff durch die Einspritzdüse direkt in den Luftzufluß. Ein Computerchip mißt, wie schwer der Motor zur Zeit arbeitet, und bestimmt dann die benötigte Kraftstoffmenge.

Zündkerze
Einlaßventil
Luftzufuhr
Einspritzdüse
Kolben

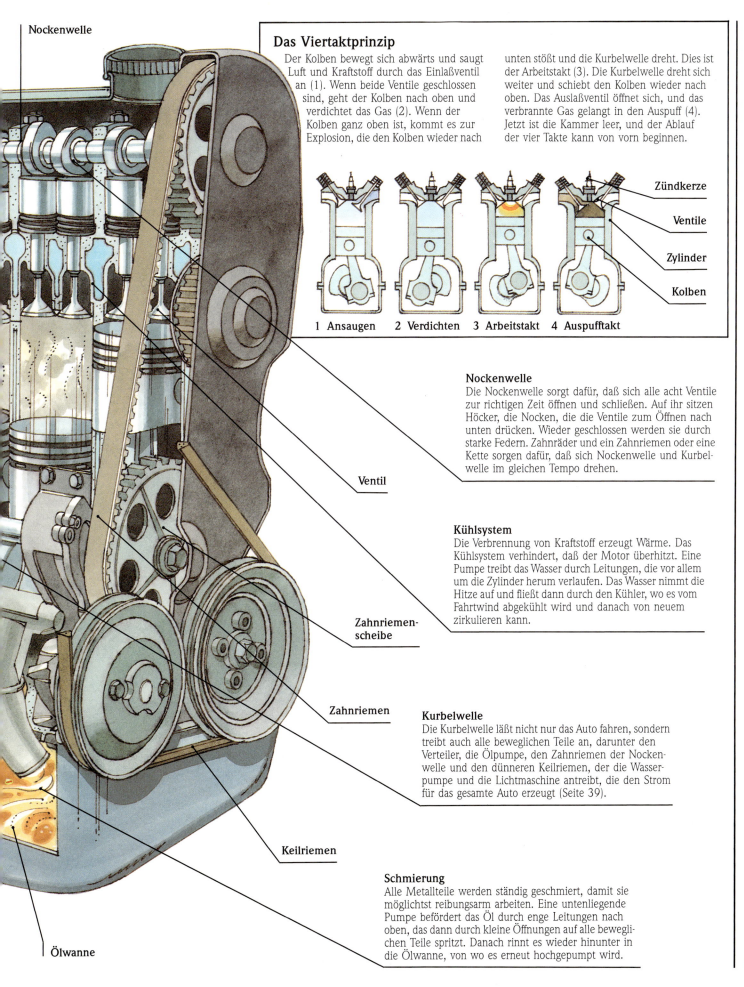

Nockenwelle

Das Viertaktprinzip

Der Kolben bewegt sich abwärts und saugt Luft und Kraftstoff durch das Einlaßventil an (1). Wenn beide Ventile geschlossen sind, geht der Kolben nach oben und verdichtet das Gas (2). Wenn der Kolben ganz oben ist, kommt es zur Explosion, die den Kolben wieder nach unten stößt und die Kurbelwelle dreht. Dies ist der Arbeitstakt (3). Die Kurbelwelle dreht sich weiter und schiebt den Kolben wieder nach oben. Das Auslaßventil öffnet sich, und das verbrannte Gas gelangt in den Auspuff (4). Jetzt ist die Kammer leer, und der Ablauf der vier Takte kann von vorn beginnen.

Zündkerze
Ventile
Zylinder
Kolben

1 Ansaugen 2 Verdichten 3 Arbeitstakt 4 Auspufftakt

Nockenwelle
Die Nockenwelle sorgt dafür, daß sich alle acht Ventile zur richtigen Zeit öffnen und schließen. Auf ihr sitzen Höcker, die Nocken, die die Ventile zum Öffnen nach unten drücken. Wieder geschlossen werden sie durch starke Federn. Zahnräder und ein Zahnriemen oder eine Kette sorgen dafür, daß sich Nockenwelle und Kurbelwelle im gleichen Tempo drehen.

Ventil

Kühlsystem
Die Verbrennung von Kraftstoff erzeugt Wärme. Das Kühlsystem verhindert, daß der Motor überhitzt. Eine Pumpe treibt das Wasser durch Leitungen, die vor allem um die Zylinder herum verlaufen. Das Wasser nimmt die Hitze auf und fließt dann durch den Kühler, wo es vom Fahrtwind abgekühlt wird und danach von neuem zirkulieren kann.

Zahnriemenscheibe

Zahnriemen

Kurbelwelle
Die Kurbelwelle läßt nicht nur das Auto fahren, sondern treibt auch alle beweglichen Teile an, darunter den Verteiler, die Ölpumpe, den Zahnriemen der Nockenwelle und den dünneren Keilriemen, der die Wasserpumpe und die Lichtmaschine antreibt, die den Strom für das gesamte Auto erzeugt (Seite 39).

Keilriemen

Schmierung
Alle Metallteile werden ständig geschmiert, damit sie möglichst reibungsarm arbeiten. Eine untenliegende Pumpe befördert das Öl durch enge Leitungen nach oben, das dann durch kleine Öffnungen auf alle beweglichen Teile spritzt. Danach rinnt es wieder hinunter in die Ölwanne, von wo es erneut hochgepumpt wird.

Ölwanne

DAS ERSTE AUTO

Die ersten pferdelosen Kutschen wurden mit Dampf angetrieben. Der Franzose Nicolas Joseph Cugnot und der Engländer Richard Trevithick bauten die ersten Dampfwagen. Um 1840 verkehrten diese dampfgetriebenen Fahrzeuge bereits in der Umgebung von London. Sie waren jedoch recht klobig, schwierig zu steuern und beschädigten die Straßen. 1860 konstruierte der Belgier Étienne Lenoir einen neuen, leichteren Motor. Die Verbrennung des Treibstoffs, Kohlengas, fand im Innern des Zylinders statt, während vorher Kohle außerhalb eines Dampfkessels verbrannt worden war. In den 80er Jahren des 19. Jahrhunderts erfand dann Nikolaus August Otto den Viertaktmotor (Seite 11) und bereitete damit den Weg für leistungsfähigere Motoren. Inzwischen wurde in den Vereinigten Staaten auch Benzin hergestellt, ein Treibstoff, der wesentlich leichter zu verwenden war als Kohlengas. Als Fahrzeuge gebaut wurden, die die neue Technik mit dem richtigen Kraftstoff – Benzin – kombinierten, begann endgültig die Motorisierung der Welt.

Wettlauf um den Erfolg

Cugnots Kanonenschlepper von 1769 war das erste selbstfahrende Fahrzeug, und wenig später wurden dampfgetriebene Wagen sehr beliebt. Das Fahrzeug, das Siegfried Marcus 1874 vorstellte, erwies sich als Fehlschlag, doch die Erfindungen von Daimler und Benz in den Jahren 1985/86 stellten den Beginn des Zeitalters der Motorisierung dar.

Kanonenschlepper
Cugnots *Cabriot* war als Zugfahrzeug für schwere Geschütze konstruiert worden. Vom frontal angebrachten eisernen Dampfkessel gelangte der Dampf zu zwei Kolben an den Vorderrädern. Auf der ersten Probefahrt fuhr es jedoch gegen eine Mauer und ging zu Bruch.

Die aufrechtstehende Lenksäule von Marcus war eine der ersten ihrer Art

Der erste Zweisitzer
1858 baute der Engländer Thomas Ricketts die erste von mehreren kleinen Dampfkutschen. Vorn hatten zwei Leute Platz, hinter ihnen lag der Kessel. Zu jener Zeit waren dampfgetriebene Busse und Lokomotiven zwar bereits weit verbreitet, doch für den privaten Verkehr standen nur Pferdekutschen zur Verfügung.

Fast am Ziel
Dieses Auto fuhr 1874 in Wien. Da es schon einen Viertaktmotor und vier Räder hatte, bezeichnen manche es als das erste richtige Auto. Es wurde jedoch noch mit Kohlengas angetrieben, nicht mit Benzin, und konnte deshalb nie zu einem wirklich leistungsfähigen Fahrzeug werden. Die Bewohner Wiens beschwerten sich über den Lärm, den der primitive Motor und die eisernen Räder verursachten, und schließlich gab der deutsche Konstrukteur Siegfried Marcus das Projekt auf.

Rollende Räder

Während Daimler schwere Kutschenräder verwendete, entschied sich Benz für leichte Speichenräder. Anfangs waren alle Räder entweder mit Eisen beschlagen oder mit Vollgummi bereift, bis John Dunlop 1888 ein Patent auf aufblasbare Reifen anmeldete. In den 30er Jahren unseres Jahrhunderts gehörten stabile Räder mit Drahtspeichen zur Standardausrüstung jedes Autos, doch sie waren sehr teuer. Deshalb wurden sie in den 40er Jahren von leichten und billigen Stahlscheibenrädern abgelöst. Die heutigen Sport- und Luxuswagen haben leichte, stabile Räder aus Leichtmetallegierungen.

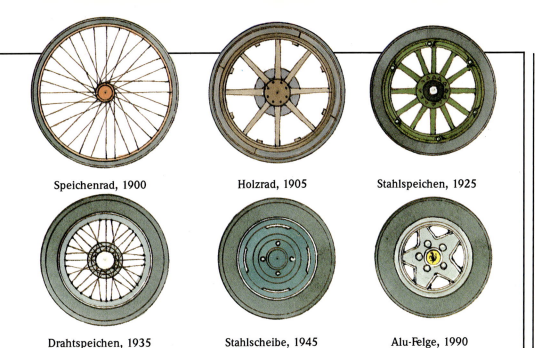

Speichenrad, 1900 — Holzrad, 1905 — Stahlspeichen, 1925
Drahtspeichen, 1935 — Stahlscheibe, 1945 — Alu-Felge, 1990

Daimlers Traum
Der Deutsche Gottlieb Daimler war überzeugt, daß der Benzinmotor der Welt nur Gutes bringen würde. Sein Fahrzeug sah wie fast alle der frühen Kraftwagen einer Kutsche sehr ähnlich. Deshalb wurden solche Fahrzeuge „pferdelose Kutschen" genannt.

Der Fahrer drückte den Hebel nach vorn, um das Fahrzeug in Bewegung zu setzen, und zog ihn nach hinten, um zu bremsen

Blattfedern wurden von Kutschen übernommen

Ein neues Zeitalter
Carl Benz baute den ersten „Motorwagen", der auch in den Verkauf gelangte. Im Gegensatz zu anderen frühen Autos war sein Wagen mehr als nur eine umgebaute Pferdekutsche; er war von Anfang an und in jeder Einzelheit als Kraftfahrzeug konstruiert und hatte ein Fahrgestell aus Stahl.

EIN AUTO FÜR JEDERMANN

1902 gründete ein junger Mechaniker in den Vereinigten Staaten eine Autofirma, die seinen eigenen Namen trug. Er wurde zu einem der berühmtesten Namen der Welt – Ford, und das Modell T wurde zum berühmtesten Auto dieses Herstellers. Henry Ford wollte preiswerte Autos bauen, damit sich jede Familie eines kaufen konnte. 1908 erfand er das Fließband-System, bei dem viele Autos mit genormten Einzelteilen zur gleichen Zeit zusammenmontiert wurden. Auf diese Weise konnte er seine Autos billiger produzieren als jeder andere Autofabrikant. Anders als seine Konkurrenten bot er nur einen Fahrzeugtyp an, was ebenfalls die Preise niedrig hielt. 1909 kostete ein Modell T noch 850 Dollar, doch sieben Jahre später waren es nur noch 260 Dollar. Innerhalb weniger Jahre hatte Ford die Zahl der Autos in den Vereinigten Staaten verdoppelt. Das Modell T – die berühmte „Tin Lizzy" – wurde bald auch in Fabriken in England, Deutschland und Australien gebaut. Als 1927 das Modell auslief, waren davon 15 Millionen auf der ganzen Welt verkauft worden.

Schritt für Schritt
In Fords Automobilwerk in Detroit stand das Fließband niemals still. Die Arbeiter stellten die Karosserie fertig, die dann auf das tieferstehende Fahrgestell aufgesetzt wurde. Der Zusammenbau eines Modell T dauerte anderthalb Stunden, und alle 40 Sekunden rollte ein neues Fahrzeug aus der Fabrik.

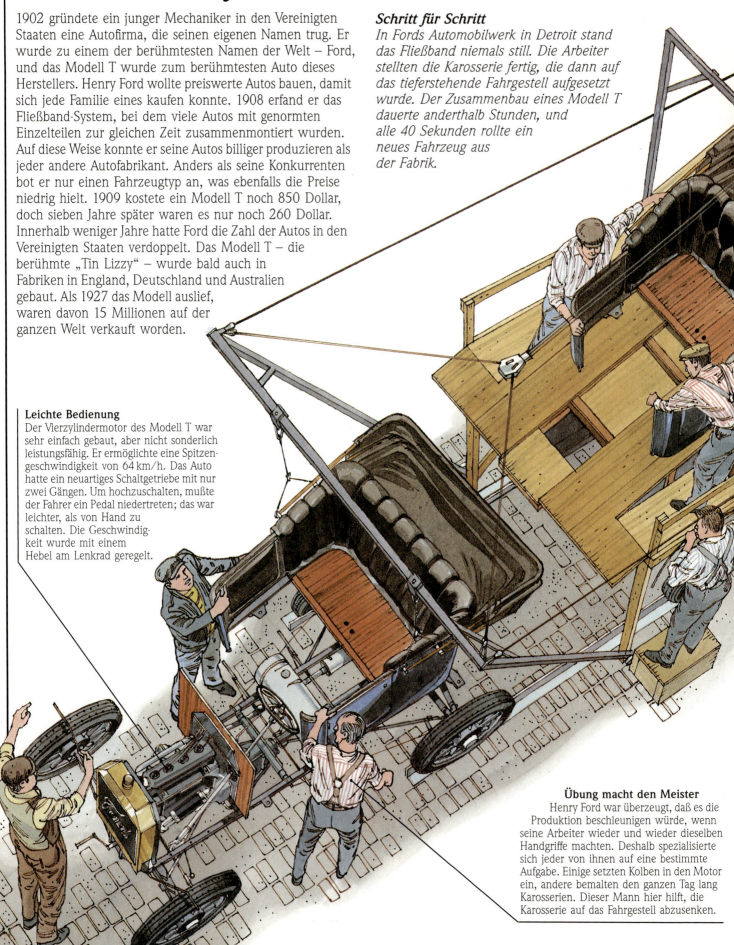

Leichte Bedienung
Der Vierzylindermotor des Modell T war sehr einfach gebaut, aber nicht sonderlich leistungsfähig. Er ermöglichte eine Spitzengeschwindigkeit von 64 km/h. Das Auto hatte ein neuartiges Schaltgetriebe mit nur zwei Gängen. Um hochzuschalten, mußte der Fahrer ein Pedal niedertreten; das war leichter, als von Hand zu schalten. Die Geschwindigkeit wurde mit einem Hebel am Lenkrad geregelt.

Übung macht den Meister
Henry Ford war überzeugt, daß es die Produktion beschleunigen würde, wenn seine Arbeiter wieder und wieder dieselben Handgriffe machten. Deshalb spezialisierte sich jeder von ihnen auf eine bestimmte Aufgabe. Einige setzten Kolben in den Motor ein, andere bemalten den ganzen Tag lang Karosserien. Dieser Mann hier hilft, die Karosserie auf das Fahrgestell abzusenken.

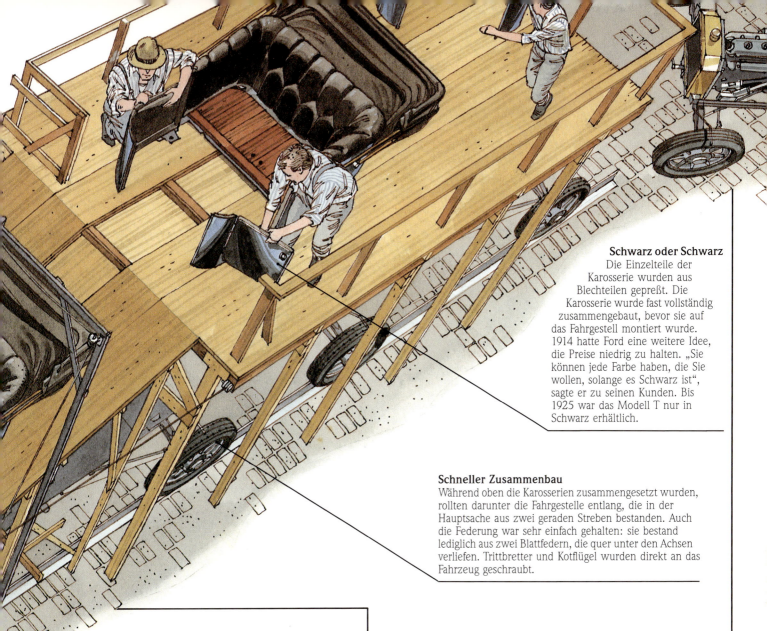

Schwarz oder Schwarz
Die Einzelteile der Karosserie wurden aus Blechteilen gepreßt. Die Karosserie wurde fast vollständig zusammengebaut, bevor sie auf das Fahrgestell montiert wurde. 1914 hatte Ford eine weitere Idee, die Preise niedrig zu halten. „Sie können jede Farbe haben, die Sie wollen, solange es Schwarz ist", sagte er zu seinen Kunden. Bis 1925 war das Modell T nur in Schwarz erhältlich.

Schneller Zusammenbau
Während oben die Karosserien zusammengesetzt wurden, rollten darunter die Fahrgestelle entlang, die in der Hauptsache aus zwei geraden Streben bestanden. Auch die Federung war sehr einfach gehalten: sie bestand lediglich aus zwei Blattfedern, die quer unter den Achsen verliefen. Trittbretter und Kotflügel wurden direkt an das Fahrzeug geschraubt.

Das erste Oldsmobile
Ford war zwar der erste, der am Fließband arbeiten ließ, aber nicht der erste, der Autos in großer Stückzahl baute. 1902 stellte der amerikanische Hersteller Ransom Olds seinen zweisitzigen „Oldsmobile Curved Dash" vor und baute mehrere tausend davon. Dieser offene Wagen hatte einen winzigen Motor unter einer einfachen, aber eleganten Karosserie mit einem gebogenen Armaturenbrett sowie zwei Gänge und einen Steuerhebel.

Ein vertrauter Anblick
Das Modell T war in ganz Amerika bekannt. Es gab nur wenige verschiedene Karosserietypen, und die Bauweise wurde zwischen 1908 und 1927 kaum verändert. Das hatte für den Hersteller sowohl Vor- als auch Nachteile. Obwohl das Modell T immer billiger wurde und deshalb sehr beliebt blieb, hatten der langsame Motor und die offene Bauweise zur Folge, daß es in bezug auf Schnelligkeit und Bequemlichkeit schon bald von anderen Autos übertroffen wurde.

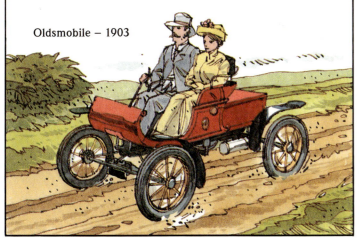

Oldsmobile – 1903

Der „Doktorwagen" von 1917 war einer der wenigen geschlossenen Wagen von Ford

Der viersitzige Tourenwagen von 1927 war eine der letzten Versionen des Modell T

OLDTIMER

Welche Autos bezeichnet man als Oldtimer? Für manche Menschen sind dies nur wertvolle Autos, während andere jedes alte Auto als Oldtimer bezeichnen. Vor zwanzig Jahren wäre ein unmodern gewordenes Auto zweifellos verschrottet worden, doch heute ist das anders, denn inzwischen sind alte Autos groß in Mode. Man kann heute immer noch Ersatzteile für Autos bekommen, die über 60 Jahre alt sind, und selbst ein Schrotthaufen läßt sich wieder in ein glänzendes Ausstellungsstück verwandeln. Viele alte Autos laufen heute schneller und besser als in ihrer Jugend. Es werden Rennen, Rallyes und Sternfahrten für Autos aller Altersklassen veranstaltet. Die älteste und bekannteste dieser Veranstaltungen ist die Fahrt von London nach Brighton, die erstmals 1896 durchgeführt wurde, um den Tag zu feiern, an dem in Großbritannien das Fahrverbot für Kraftwagen aufgehoben wurde.

Alt und doch modern
Anfang des zwanzigsten Jahrhunderts übernahm Frankreich die führende Rolle im Autodesign, die bis dahin Deutschland innegehabt hatte. Das Modell Q von De Dion aus dem Jahr 1903 war eines der ersten Fahrzeuge, die wir auch heute noch als Auto anerkennen würden. Es hatte ein Lenkrad, eine Motorhaube über dem primitiven Motor und einen Heckantrieb. Es war ein billiges, zuverlässiges und sehr beliebtes Auto.

Eine Sammlung von Oldtimern
In manchen Museen werden nur Autos eines Herstellers gesammelt, so zum Beispiel im Duesenberg Museum in Indiana, USA. Andere versuchen, von jedem etwas zu zeigen, wie etwa das Auto-Museum Sinsheim bei Heidelberg. Die hier abgebildeten Autos sind nicht die schnellsten oder die teuersten. Aber sie lassen erkennen, wie sich die äußere Form der Autos im Laufe der Jahre entwickelte.

Das „Gesicht" des Autos
Um 1912, als dieser Spyker in Holland gebaut wurde, sahen sich die Autos aller Hersteller recht ähnlich. Deshalb begannen die Konstrukteure, die Vorderansicht zu verändern, damit sich ihre Fahrzeuge von denen der Konkurrenz unterschieden. Spyker stattete seine Luxuswagen mit einem unverwechselbaren runden Kühler aus.

„Bullennase"
Der kleine englische Morris Cowley, der wegen seines halbrunden Kühlergrills „Bullennase" genannt wurde, war zwar sehr einfach gebaut, in den 1920er Jahren aber ausgesprochen beliebt. Autos wie diese bewiesen, daß es möglich war, ein großes Familienauto preiswert zu bauen.

Italienische Ideen
Dieser italienische Lancia Lambda aus dem Jahr 1923 war eines der ersten Autos ohne separates Fahrgestell. Die elegante und stabile Karosserie bildete bei diesem Wagen zugleich das Fahrgestell. Außerdem hatte er vorn eine Einzelradaufhängung (Seite 34), die für eine gute Straßenlage sorgte.

Blechdächer
Anfangs bestanden Karosserien aus Holz und Stoff, und der Zusammenbau dauerte recht lange. In den dreißiger Jahren wagten amerikanische Hersteller jedoch einen weiteren Schritt nach vorn und begannen, Karosserien aus Blech zu produzieren, die bei schlechtem Wetter einen wesentlich besseren Schutz boten. Außerdem konnten Ganzstahlkarosserien wie die für diesen Chevrolet Master aus dem Jahr 1937 serienmäßig hergestellt werden.

Nach vorn
Der Name *Traction Avant* dieses Citroën-Modells, das von 1934 bis 1957 gebaut wurde, bedeutet „Vorderradantrieb". Diese Wagen hatten eine Karosserie aus Stahl, kein separates Fahrgestell mehr und Einzelradaufhängung. Außerdem waren sie bequem und geräumig.

AUTOFAHREN MIT STIL

Zu Beginn des zwanzigsten Jahrhunderts sahen sich die Benutzter von Automobilen Gefahren und Schwierigkeiten gegenüber, die wir uns heute kaum noch vorstellen können. Die Straßen waren noch nicht asphaltiert, sondern holperig und unbefestigt. Die vielen Steine und Schlaglöcher machten das Fahren sehr unbequem und ließen außerdem unzählige Reifen platzen. Wenn es regnete, verwandelten sich die Straßen in Schlammwüsten, und die Autos kamen ins Schleudern oder blieben stecken. Pannen waren an der Tagesordnung, und die Fahrer mußten Reparaturen selbst ausführen können. Außerdem war Benzin schwer aufzutreiben. Anfangs mußte man es in Dosen in der Apotheke kaufen. Dann gab es noch Probleme mit anderen Straßenbenutzern – nicht etwa Autos, denn auf sie stieß man fast nie, sondern Fußgänger, Radfahrer, Hunde und Vieh. Sie alle waren nicht an Autos gewöhnt, so daß es häufig zu Unfällen kam. Viele Menschen lehnten Autos ab, wegen des Lärms, des Gestanks und der Gefahren, die sie mit sich brachten.

Zu allem entschlossen
Die ersten Autofahrer waren verwegene, mutige Leute, die von ihren Fahrzeugen überzeugt waren. Die einfachen offenen Karosserien der meisten Wagen boten ihnen nur wenig Schutz vor Wind, Regen und Staub; die Insassen mußten also warme und regenfeste Kleidung tragen.

Wenn ein Auto eine Panne hatte, mußte oft das altbewährte Pferd zur Rettung geholt werden

Eine Kapuze für die Dame
Die Damen trugen seidene Schals oder Kapuzen über ihren Hüten, um diese vor Staub und Wind zu schützen. Diese rosafarbene Kapuze hat ein durchsichtiges Fenster, und der Pelzmantel der älteren Dame hat einen hohen Kragen, um ihren Hals vor Zugluft zu schützen.

Reifenpanne
Bei diesem Lorraine-De Dietrich ließen sich die Räder abschrauben. Der neue Reifen war auf ein Ersatzrad aufgezogen, so daß der Fahrer nur die Räder austauschen mußte. Das ging natürlich viel schneller, als ein Loch im Reifen zu flicken. Der Fahrer trug eine Schutzbrille und eine Mütze mit Ohrenklappen. Sein Regenmantel hatte einen eng anliegenden Gummikragen, damit kein Wasser eindringen konnte.

LUXUSAUTOMOBILE

Unter Luxus versteht man mehr als nur einen Fernseher im Auto. Echte Luxuswagen bestehen aus besten Materialien und sind sehr sorgfältig verarbeitet – was nicht nur für die üppige Innenausstattung gilt, sondern auch für den Motor und die mechanischen Systeme. In der Anfangszeit waren Autos ein zeitraubendes Hobby und nicht etwa ein verläßliches Transportmittel. Das Autofahren war ausschließlich ein Zeitvertreib der Reichen. Die Hersteller versuchten unentwegt, Qualität und Zuverlässigkeit ihrer Wagen zu verbessern. Dieses Streben nach Qualität erreichte seinen Höhepunkt in den 1930er Jahren mit Marken wie Bugatti, Duesenberg und Hispano-Suiza. Diese Autos wurden von Hand gebaut, oft nach den Vorstellungen des Besitzers. Die heutigen Luxuswagen werden zwar maschinell gefertigt, doch die letzten Feinarbeiten werden vielfach noch von Hand erledigt.

Fahren im Luxus
Obwohl sie aus verschiedenen Epochen stammen, bieten sowohl der britische Rolls-Royce Silver Ghost vom Anfang des zwanzigsten Jahrhunderts mit seiner handgearbeiteten Karosserie als auch der amerikanische Cadillac aus den 90er Jahren unseres Jahrhunderts mit seiner aufwendigen Innenausstattung stilvolle Bequemlichkeit.

Nach Hause, James!
Als es noch üblich war, Dienstboten zu beschäftigen, stellten wohlhabende Autobesitzer einen Chauffeur ein, der den Wagen zu pflegen, zu reparieren und zu fahren hatte. Er mußte oft stundenlang vor einem Theater oder am Bahnhof warten, bis seine Herrschaft heimfahren wollte, und es wurde erwartet, daß er das Auto jeden Abend gründlich säuberte.

Flugzeuge
Viele Autofirmen stellten auch Flugmotoren her. Rolls-Royce zum Beispiel baute einen leistungsstarken Motor für das Wasserflugzeug Supermarine S-6-B. Eine Weiterentwicklung davon war der berühmte Merlin-Motor, mit dem im Zweiten Weltkrieg (1939–45) die britischen Kampfflugzeuge vom Typ Spitfire und Hurricane angetrieben wurden. Heute finden sich Triebwerke von Rolls-Royce in vielen Linienmaschinen, darunter der Boeing 747 und der Concorde.

Das Wasserflugzeug S-6-B gewann 1929 den Schneider-Pokal

Klappverdeck

Der hochwertige Sechszylindermotor lief rund und war sehr zuverlässig

Vom Besten
Es war eine Sensation, als Rolls-Royce 1906 sein neuestes Modell vorstellte. Es war sehr schnell und hervorragend verarbeitet und damit das perfekteste Auto, das bis dahin gebaut worden war. Binnen weniger Jahre galt es als „das beste Auto der Welt". Den Namen „Silver Ghost" (Silberner Geist) erhielt der Wagen wegen seines leisen Motors und der Karosserie aus Aluminium.

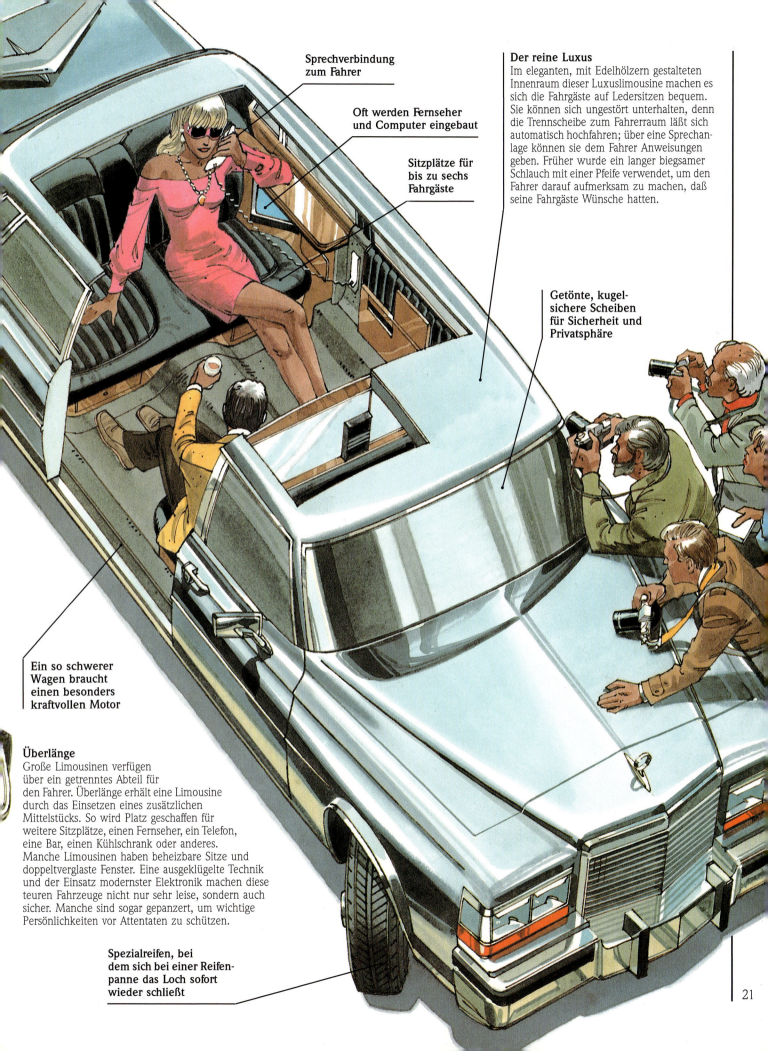

Sprechverbindung zum Fahrer

Oft werden Fernseher und Computer eingebaut

Sitzplätze für bis zu sechs Fahrgäste

Der reine Luxus
Im eleganten, mit Edelhölzern gestalteten Innenraum dieser Luxuslimousine machen es sich die Fahrgäste auf Ledersitzen bequem. Sie können sich ungestört unterhalten, denn die Trennscheibe zum Fahrerraum läßt sich automatisch hochfahren; über eine Sprechanlage können sie dem Fahrer Anweisungen geben. Früher wurde ein langer biegsamer Schlauch mit einer Pfeife verwendet, um den Fahrer darauf aufmerksam zu machen, daß seine Fahrgäste Wünsche hatten.

Getönte, kugelsichere Scheiben für Sicherheit und Privatsphäre

Ein so schwerer Wagen braucht einen besonders kraftvollen Motor

Überlänge
Große Limousinen verfügen über ein getrenntes Abteil für den Fahrer. Überlänge erhält eine Limousine durch das Einsetzen eines zusätzlichen Mittelstücks. So wird Platz geschaffen für weitere Sitzplätze, einen Fernseher, ein Telefon, eine Bar, einen Kühlschrank oder anderes. Manche Limousinen haben beheizbare Sitze und doppeltverglaste Fenster. Eine ausgeklügelte Technik und der Einsatz modernster Elektronik machen diese teuren Fahrzeuge nicht nur sehr leise, sondern auch sicher. Manche sind sogar gepanzert, um wichtige Persönlichkeiten vor Attentaten zu schützen.

Spezialreifen, bei dem sich bei einer Reifenpanne das Loch sofort wieder schließt

DER AMERIKANISCHE LEBENSSTIL

In den 50er und 60er Jahren unseres Jahrhunderts bestimmten die Autos den Lebensstil und die Kultur der Amerikaner. Die Herstellerfirmen hatten sich nach dem Zweiten Weltkrieg (1939–45) schnell erholt und stellten sich ohne große Mühe von Panzern wieder auf Autos um. In den frühen 50er Jahren wurden viele bedeutende Entdeckungen und neue Erfindungen gemacht und der wirtschaftliche Wohlstand stieg. Die Amerikaner wollten zeigen, daß es ihnen gutging, und zogen deshalb große, beeindruckende Wagen den kleineren Modellen vor. Die Verkaufszahlen stiegen rasch an und erreichten 1955 einen Höhepunkt. Die amerikanischen Hersteller brachten alljährlich neue, noch auffallendere Modelle heraus, mit immer mehr Chromteilen, technischen Spielereien und dekorativen Heckflossen. Ein nur zwei Jahre altes Auto war zu jener Zeit schon völlig aus der Mode. Diese Autos waren ganz auf den Lebensstil der Amerikaner ausgerichtet. Wegen ihrer Abmessungen und hohen Betriebskosten waren sie jedoch in der übrigen Welt nicht mehr abzusetzen.

König Auto
Dies ist eine Szene aus einer typischen amerikanischen Kleinstadt im Jahr 1957. Autos spielten im Leben der Menschen eine so wichtige Rolle, daß sie nicht einmal ausstiegen, um einzukaufen, zu essen oder sich einen Film anzusehen. Autos waren für sie nicht länger nur Transportmittel. Mit einem großen, chrombeladenen Auto zeigten sie, wie erfolgreich sie waren.

Hamburger auf Rädern
Der Schnellimbiß wurde in Amerika erfunden, und Hamburger waren jedermanns Leibspeise. Im ganzen Land gab es Drive-In-Restaurants. In ihnen fährt man an ein Fenster heran, spricht seine Bestellung in ein Mikrofon und fährt dann weiter zum nächsten Fenster. Dort bekommt man ohne Wartezeit die bestellten Speisen und Getränke.

Kellnerinnen auf Rollschuhen
In manchen Hamburger-Restaurants und Autokinos wurde das bestellte Essen auch an den Wagen gebracht. Hier hat gerade eine Kellnerin auf Rollschuhen die Tabletts gebracht und sie in die Türen dieses Buick Skylark Cabriolets aus dem Jahr 1953 eingehängt. Dieser Buick war ein sehr elegantes Auto mit einem unverwechselbaren Kühlergrill, das sechs Personen Platz bot.

Das Cadillac Coupé de Ville von 1957 war fast 5,5 Meter lang und hatte einen Achtzylindermotor

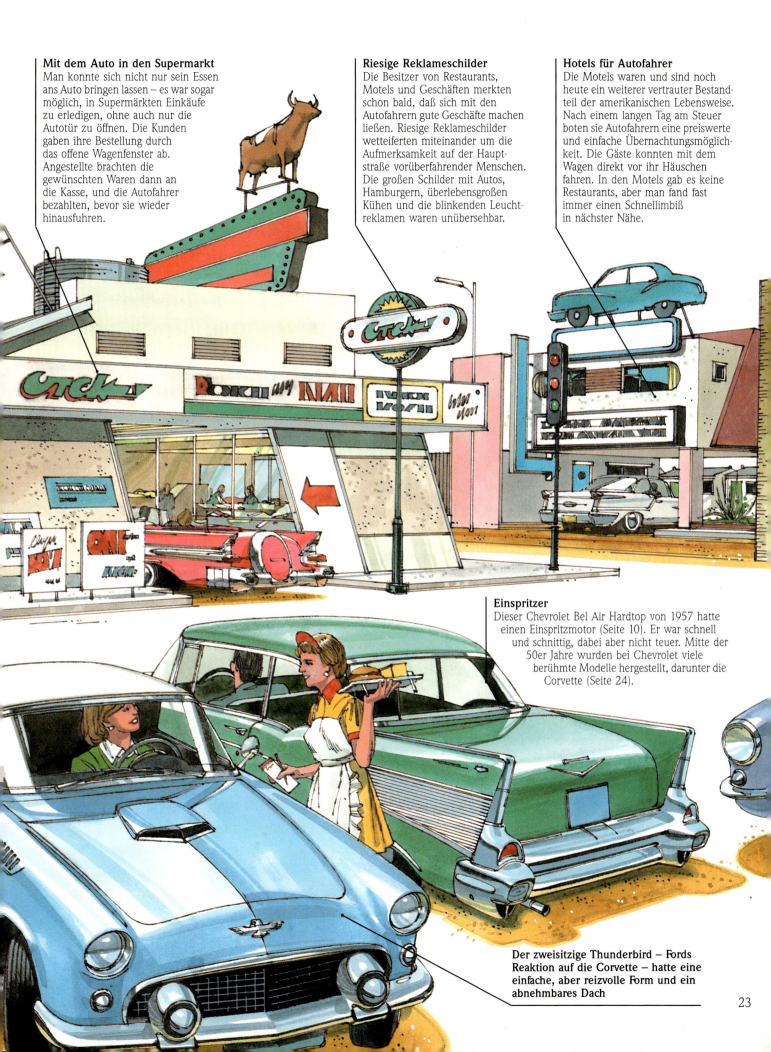

Mit dem Auto in den Supermarkt
Man konnte sich nicht nur sein Essen ans Auto bringen lassen – es war sogar möglich, in Supermärkten Einkäufe zu erledigen, ohne auch nur die Autotür zu öffnen. Die Kunden gaben ihre Bestellung durch das offene Wagenfenster ab. Angestellte brachten die gewünschten Waren dann an die Kasse, und die Autofahrer bezahlten, bevor sie wieder hinausfuhren.

Riesige Reklameschilder
Die Besitzer von Restaurants, Motels und Geschäften merkten schon bald, daß sich mit den Autofahrern gute Geschäfte machen ließen. Riesige Reklameschilder wetteiferten miteinander um die Aufmerksamkeit auf der Hauptstraße vorüberfahrender Menschen. Die großen Schilder mit Autos, Hamburgern, überlebensgroßen Kühen und die blinkenden Leuchtreklamen waren unübersehbar.

Hotels für Autofahrer
Die Motels waren und sind noch heute ein weiterer vertrauter Bestandteil der amerikanischen Lebensweise. Nach einem langen Tag am Steuer boten sie Autofahrern eine preiswerte und einfache Übernachtungsmöglichkeit. Die Gäste konnten mit dem Wagen direkt vor ihr Häuschen fahren. In den Motels gab es keine Restaurants, aber man fand fast immer einen Schnellimbiß in nächster Nähe.

Einspritzer
Dieser Chevrolet Bel Air Hardtop von 1957 hatte einen Einspritzmotor (Seite 10). Er war schnell und schnittig, dabei aber nicht teuer. Mitte der 50er Jahre wurden bei Chevrolet viele berühmte Modelle hergestellt, darunter die Corvette (Seite 24).

Der zweisitzige Thunderbird – Fords Reaktion auf die Corvette – hatte eine einfache, aber reizvolle Form und ein abnehmbares Dach

Ein Leben in Amerika
Für die jungen Leute, die in den 50er Jahren in den amerikanischen Kleinstädten lebten, waren Autos wichtige Modeartikel. Wenn sie sich keinen brandneuen Chevrolet leisten konnten, „frisierten" sie einen alten Ford, fügten Chromteile hinzu, bauten größere Räder an oder setzten vielleicht sogar einen neuen Motor ein. Mit ihren frisierten Autos fuhren die Jugendlichen dann am Stadtrand Rennen, meistens zwei Autos gegeneinander. Diese Rennen waren sehr beliebt, aber auch streng verboten.

Die Qual der Wahl
Bei den amerikanischen Autos der 50er Jahre wurde kein Wert auf lange Haltbarkeit gelegt, und die Hersteller brachten jedes Jahr ein neues Modell heraus. Wenn die neuen Modelle auf den Markt kamen, gaben viele Autofahrer ihren alten Wagen für einen neuen in Zahlung. Deshalb gab es in jeder Stadt riesige Auto-Verkaufsplätze, auf denen billige Gebrauchtwagen angeboten wurden.

Streifenwagen
Die jugendlichen Rennfahrer mußten vor Streifenwagen der Polizei auf der Hut sein. Dies waren meist große, leistungsstarke Limousinen wie dieser Ford von 1956 mit einer lauten Sirene auf dem Dach. Die Polizei fuhr regelmäßig Streife.

Sportwagen für alle
Die Corvette von Chevrolet war der erste massenproduzierte Sportwagen Amerikas. Sie hatte eine Karosserie aus Fiberglas und einen leistungsstarken Motor. Der Innenraum war klein und einfach ausgestattet und hatte deshalb mehr Ähnlichkeit mit einem europäischen als einem amerikanischen Sportwagen.

Heiße Öfen
Familienautos wie dieser Ford Modell A wurden von den Jugendlichen oft zu „heißen Öfen" umgebaut. Sie setzten vorn schmalere Räder und hinten Breitreifen ein und bauten starke Motoren ein. Manche entfernten sogar Motorhaube und Kotflügel, um das Auto leichter und schneller zu machen.

Kühlerfiguren

In den 50er Jahren wurden viele interessante Kühlerfiguren geschaffen. Manche beruhen auf dem Markenzeichen des Herstellers, so zum Beispiel der „Blechindianer" von Pontiac, andere waren Flugzeugen nachempfunden und sahen aus wie Raketen oder Propeller.

Buick 1949

„Blechindianer" von Pontiac   Pontiac – Silberstreifen

Im Autokino wurde in jedes Auto ein Lautsprecher gehängt, so daß die Menschen auch den Ton zu dem auf der Breitwand gezeigten Film hören konnten

Der elegante Eldorado

Anfang der 50er Jahre stellte die Firma Cadillac die Produktion der billigeren Autos ein und startete ihre luxuriöse Eldorado-Serie. Dieser lange, breite und tiefliegende Cadillac Eldorado von 1956 war eines der teuersten Autos auf dem Markt und verband Bequemlichkeit mit großer Leistungsstärke.

Automatisch

Die Autofahrer liebten Cabriolets, fanden es aber umständlich, die Stoffverdecke von Hand zurückfalten zu müssen. Deshalb produzierte Ford 1957 den Fairlane Skyliner. Er hatte ein Stahldach, das sich auf Knopfdruck automatisch öffnete und selbsttätig im Kofferraum verstaute. Dieser viersitzige Wagen sah von außen zwar riesig aus, bot aber auf dem Rücksitz und im Kofferraum nur wenig Platz, denn der Motor und die Verkabelung für das Dach füllten fast den ganzen Raum aus.

Heckflossen

Die geraden Linien dieses Chrysler New Yorker Cabriolets von 1957 hoben diesen Wagen von der Masse ab. Er hatte eine gebogene Windschutzscheibe und spitz auslaufende Heckflossen, die damals große Mode waren. Die Autohersteller wetteiferten miteinander um das Modell mit den höchsten und längsten Heckflossen.

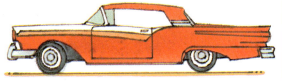
Mit Dach sieht der Skyliner aus wie eine gewöhnliche Limousine

Es dauerte etwa eine Minute, bis sich das Dach im Kofferraum verstaut hatte

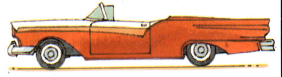
Das Ergebnis – ein offener Straßenkreuzer

SPORTWAGEN

Sportwagen sind für schnelles Fahren gebaut und sehen schnittig aus. Beim Begriff „Sportwagen" denken die meisten Menschen an ein zweisitziges Cabriolet, doch es gibt auch geschlossene Sportwagen. Daß sie gut aussehen und daß man mit ihnen schnell fahren kann, ist wichtiger als die Zahl der Personen, die sie befördern können. Schon 1910 stellten die Autohersteller fest, daß es neben den Kunden, die nur ein zuverlässiges Auto wollten, auch solche gab, denen Geschwindigkeit am wichtigsten war. In den 20er Jahren sahen die Sportwagen dann schon ganz anders aus als die Tourenwagen. Sie hatten große, kraftvolle Motoren, die sich unter langen Motorhauben verbargen. Der Fahrer saß direkt vor den Hinterrädern, was das Kurvenfahren sehr erleichterte. In den 60er Jahren übernahm die italienische Firma Lamborghini das bei Rennwagen übliche Prinzip des in der Mitte liegenden Motors (Seite 5). Moderne Sportwagen haben den Motor vorn, hinten oder in der Mitte, doch eines ist allen gemeinsam – sie sind Zweisitzer.

Altersunterschied

Mit quietschenden Reifen und aufheulenden Motoren jagen Sportwagen aus verschiedenen Epochen über eine gewundene Bergstraße. Schnittige moderne Coupés fahren neben ungefügen zweisitzigen Oldtimern, für die Steigung und Kurven wegen der schmalen Reifen und schwachen Bremsen eine echte Herausforderung darstellen.

Richtungweisend

Der Prince Henry des britischen Autoherstellers Vauxhall war einer der ersten Sportwagen. Er erhielt seinen Namen nach dem Prince-Henry-Rennen von 1910. Vor dem Ersten Weltkrieg (1914–18) erreichte dieser Wagen eine Geschwindigkeit von 121 km/h. Er war leicht zu erkennen an seinem spitzen Bug und an der Riffelung der Motorhaube, die bis in die 60er Jahre bei allen Autos von Vauxhall zu finden war.

Geteilte Windschutzscheibe

Schnellfahren mit Stil

Alfa Romeo stellte die italienische Vorliebe für Geschwindigkeit mit dem 1750 Gran Sport unter Beweis. Dieser Wagen gewann das berühmte Mille-Miglia-Straßenrennen gleich zweimal, 1929 und 1930. Er hatte einen leistungsstarken Motor und erreichte eine Spitzengeschwindigkeit von 153 km/h. Die meisten Modelle von Alfa Romeo waren elegant gearbeitete Zweisitzer. Vor dem Zweiten Weltkrieg (1939–45) war Alfa Romeo der erfolgreichste Name im Rennsport.

Hübsch, aber nicht teuer

Der Midget, den die britische Firma MG 1928 herausbrachte, war ein kleiner Zweisitzer mit einem kleinen Motor, übernommen von einer Morris-Limousine. Der Midget bewies, daß man mit einem stilvollen Sportwagen viel Spaß haben konnte, ohne dafür ein Vermögen ausgeben zu müssen.

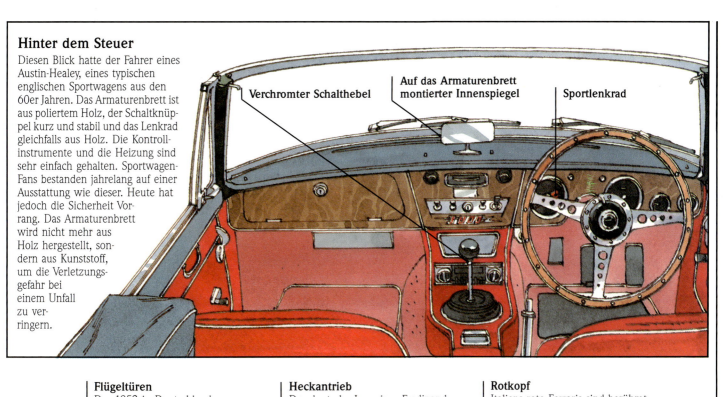

Hinter dem Steuer

Diesen Blick hatte der Fahrer eines Austin-Healey, eines typischen englischen Sportwagens aus den 60er Jahren. Das Armaturenbrett ist aus poliertem Holz, der Schaltknüppel kurz und stabil und das Lenkrad gleichfalls aus Holz. Die Kontrollinstrumente und die Heizung sind sehr einfach gehalten. Sportwagen-Fans bestanden jahrelang auf einer Ausstattung wie dieser. Heute hat jedoch die Sicherheit Vorrang. Das Armaturenbrett wird nicht mehr aus Holz hergestellt, sondern aus Kunststoff, um die Verletzungsgefahr bei einem Unfall zu verringern.

Verchromter Schalthebel

Auf das Armaturenbrett montierter Innenspiegel

Sportlenkrad

Flügeltüren
Der 1952 in Deutschland von Mercedes-Benz gebaute 300 SL hatte ein leichtes, aber doch stabiles Fahrgestell aus Stahlrohren. Da die Seiten des Fahrgestells weit hochgezogen waren, hatte der Wagen Flügeltüren, die am Dach angeschlagen waren und nach oben aufschwangen. Er erreichte Spitzengeschwindigkeiten von 232 km/h.

Heckantrieb
Der deutsche Ingenieur Ferdinand Porsche konstruierte viele Fahrzeuge, von Panzern bis zu Rennwagen. Das berühmteste, vom VW-Käfer einmal abgesehen, ist der Porsche mit Heckantrieb. Den ersten baute er 1948 und verwendete dazu einen VW-Motor. 1964 kam dann der Porsche 911 heraus, eine Version mit einem Sechszylindermotor.

Rotkopf
Italiens rote Ferraris sind berühmt. Die meisten von ihnen sind Zweisitzer und haben nur wenig Gepäckraum. Doch sie sind schön gestylt und schnell und haben beachtliche Rennerfolge aufzuweisen. Dieser Ferrari *Testarossa* (Rotkopf), der seinen Namen wegen seiner roten Zylinderköpfe erhielt, bringt es auf eine Höchstgeschwindigkeit von 290 km/h.

Zurückklappbares Faltverdeck

SICHERHEIT ÜBER ALLES

Die Unfallzahlen sind – im Verhältnis zur Zahl der Autos – in den letzten 40 Jahren ständig zurückgegangen, doch jede Fahrt birgt ein gewisses Risiko. Die Automobilkonzerne arbeiten hart daran, die Gefahren so gering wie möglich zu halten. Einfache, leicht zu bedienende Instrumente und gute Bremsen tragen schon viel dazu bei, Unfälle zu vermeiden. Heute gibt es elektronische Vorrichtungen, die verhindern, daß die Räder beim Bremsen blockieren, und so dafür sorgen, daß das Auto in jeder Situation lenkbar bleibt. Außerdem leuchten bei mechanischen Problemen Warnleuchten auf, und mittlerweile ist es sogar möglich, den Reifendruck am fahrenden Wagen zu überprüfen. Für den Fall eines Zusammenstoßes sind moderne Autos so stabil und so sicher gebaut wie nur möglich. Auch Sicherheitsgurte und Kindersitze können Leben retten und Verletzungen vermeiden. Aber auch die Verkehrsplaner müssen ihr Teil beitragen. Ebene Straßen, übersichtliche Kreuzungen und eine eindeutige Ausschilderung verringern die Unfallgefahr.

Crashtest
In speziellen Testwerkstätten werden neue Autos mit Puppen, den sogenannten Dummies, an Bord absichtlich gegen Betonblöcke gerammt, damit die Ingenieure sehen können, wie das Auto bei einem schweren Aufprall reagiert.

Handbetriebene Hupe, 20er Jahre

Hörbare Warnung
Alle Fahrzeuge sind mit einer akustischen Warnvorrichtung ausgestattet. Heute handelt es sich dabei in der Regel um eine elektrische Hupe, doch es wurden auch schon Klingeln, Gongs und sogar von den Abgasen betätigte Pfeifen verwendet. Manche Luxuswagen hatten sogar zwei Hupen – eine leisere für den Stadtverkehr und eine laute für Überlandfahrten.

Glocke, mit dem Fuß zu bedienen, um 1900

Zweiklangfanfare, ab den 60er Jahren

Hintere Sicherheitsgurte, in vielen Ländern gesetzlich vorgeschrieben

Die Dummies sind mit Sensoren ausgestattet

Die Tester lassen oft auch zwei Autos zusammenstoßen, um herauszufinden, wie sich die Wagen in diesem Fall verhalten. Der Aufprall wird gefilmt und später in Zeitlupe vorgeführt

Sicherheit für Kinder
Kleine Kinder sollten immer in einem speziellen Kindersitz angeschnallt sein. Die Sitze werden oft entgegen der Fahrtrichtung angebracht, damit das Kind nicht herausrutschen kann. Für ältere Kinder gibt es Sitzkissen, auf denen sie so hoch sitzen, daß sie die normalen Sicherheitsgurte benutzen können.

Die Fahrgastzelle
Die Insassen eines Autos sind von einem stabilen „Käfig" umgeben, der sie auch dann schützen soll, wenn das Auto sich überschlägt. Die Türscharniere und -schlösser sind so konstruiert, daß sie bei einem Unfall nicht nachgeben, sich dann aber öffnen lassen, damit die Insassen das beschädigte Fahrzeug verlassen können.

Angeschnallt

Sicherheitsgurte verhindern bei einem Unfall, daß die Wageninsassen aus ihren Sitzen geschleudert werden. Damit sie ihren Zweck erfüllen können, müssen die Gurte richtig angelegt sein, das heißt, sie müssen an der Schulter (nicht am Hals) und am Becken stramm anliegen. Der Beckengurt darf nicht über dem Magen liegen, denn an dieser Stelle könnte er bei einem Unfall innere Verletzungen verursachen.

Der blaue Sicherheitsgurt ist richtig angelegt; die roten liegen verkehrt

Gute Haftung

Unter der Gummibeschichtung moderner Reifen liegt ein Netz aus Stahl- oder Kunststoffasern, das dem Reifen seine Form gibt. Die Zusammensetzung des Gummis ist sehr wichtig: weicher Gummi zum Beispiel bietet eine bessere Haftung, verschleißt aber auch schneller. Zum Ausarbeiten des Profilmusters werden Computer benutzt. Das Profil des Reifens „krallt" sich in die Straße und verdrängt auf nasser Fahrbahn das Wasser. Fotos der Reifenabdrücke zeigen, wie gut der Reifen haftet.

Kameras halten den Reifenabdruck auf einer Glasscheibe fest

Breitreifen bieten besonders gute Haftung

Schneeketten sorgen für gute Haftung bei Schnee

Für vereiste Straßen gibt es Reifen mit Spikes

Heute wird in Autos nur noch Sicherheitsglas verwendet – es zerspringt entweder in unzählige stumpfkantige Stücke oder es reißt, splittert aber nicht

Knautschzone

In einem völlig starren Wagen müßten die Insassen bei einem Unfall die gesamte Wucht des Aufpralls abfangen. Statt dessen sind Vorder- und Hinterende jedes Wagens so konstruiert, daß sie sich bei einem Aufprall auffalten und so einen Teil des Aufpralls abfangen. Der Motor ist so eingebaut, daß er sich nicht in die Fahrgastzelle schiebt, sondern unter den Wagen.

Techniker

Airbag

Manche Hersteller statten ihre Wagen nicht nur mit Sicherheitsgurten aus, sondern bieten auch Airbags für die Vordersitze an. Wenn ein elektronischer Sensor einen Aufprall registriert, zündet er eine Gaspatrone, die innerhalb von Sekundenbruchteilen einen großen, festen Plastikballon vor Fahrer und Beifahrer aufbläst.

Stoßstangen

Die Stoßstangen aller modernen Wagen überstehen einen leichten Aufprall, ohne Schaden zu nehmen. Sie können aus Stahl und Gummi bestehen oder aus Kunststoff, der sich zwar zusammendrückt, sich im Laufe einiger Stunden aber wieder ausbeult; bei einem schweren Aufprall faltet er sich zusammen.

INSPEKTION

Die Zeiten, in denen jeder Wagen von einem Chauffeur gepflegt wurde und alle 300 Kilometer abgeschmiert werden mußte, sind schon lange vorbei. Heute wird zu jedem neuen Auto ein Serviceheft mitgeliefert. In dieses Heft werden alle Wartungsarbeiten eingetragen, zum Beispiel der Wechsel von Motor- und Getriebeöl, die Überprüfung von Zündkerzen und Filtern und das Einstellen des Motors, damit er so perfekt läuft wie möglich. Wenn das Auto dann verkauft wird, kann der neue Besitzer aus dem Heft ersehen, wie gut das Auto bisher gepflegt wurde. Viele Autos müssen nur alle 20 000 Kilometer zur Inspektion. Da es vorkommen kann, daß der Besitzer vergißt, sein Auto warten zu lassen, haben manche Modelle Kontrolleuchten, die ihn daran erinnern. Ein elektronischer Schaltkreis zählt die gefahrenen Kilometer und läßt ein Lämpchen aufleuchten, wenn eine Inspektion fällig ist.

Bei der Inspektion
Bei diesem aufgebockten BMW, an dem eine Mechanikerin gerade die Lenkung einstellt, sieht man deutlich den Aufbau des Unterbodens. Regelmäßige Inspektionen sind notwendig, damit ein Auto störungsfrei funktioniert. Wenn ein Fehler auftritt oder ein Unfallwagen zu reparieren ist, haben die Fachwerkstätten die richtige Ausrüstung, um die Arbeiten schnell durchzuführen und das Fahrzeug wieder herzurichten wie neu.

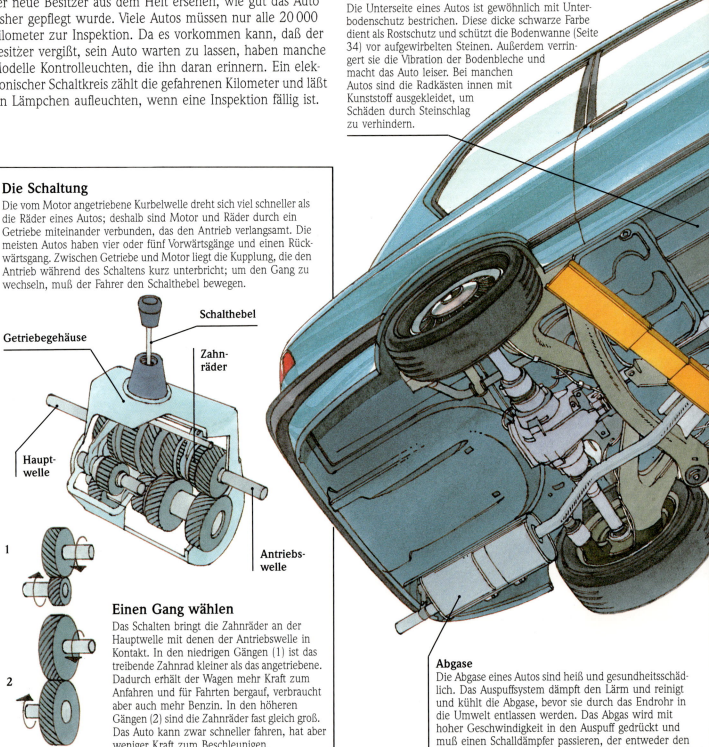

Schutzanstrich
Die Unterseite eines Autos ist gewöhnlich mit Unterbodenschutz bestrichen. Diese dicke schwarze Farbe dient als Rostschutz und schützt die Bodenwanne (Seite 34) vor aufgewirbelten Steinen. Außerdem verringert sie die Vibration der Bodenbleche und macht das Auto leiser. Bei manchen Autos sind die Radkästen innen mit Kunststoff ausgekleidet, um Schäden durch Steinschlag zu verhindern.

Die Schaltung
Die vom Motor angetriebene Kurbelwelle dreht sich viel schneller als die Räder eines Autos; deshalb sind Motor und Räder durch ein Getriebe miteinander verbunden, das den Antrieb verlangsamt. Die meisten Autos haben vier oder fünf Vorwärtsgänge und einen Rückwärtsgang. Zwischen Getriebe und Motor liegt die Kupplung, die den Antrieb während des Schaltens kurz unterbricht; um den Gang zu wechseln, muß der Fahrer den Schalthebel bewegen.

- Schalthebel
- Getriebegehäuse
- Zahnräder
- Hauptwelle
- Antriebswelle

Einen Gang wählen
Das Schalten bringt die Zahnräder an der Hauptwelle mit denen der Antriebswelle in Kontakt. In den niedrigen Gängen (1) ist das treibende Zahnrad kleiner als das angetriebene. Dadurch erhält der Wagen mehr Kraft zum Anfahren und für Fahrten bergauf, verbraucht aber auch mehr Benzin. In den höheren Gängen (2) sind die Zahnräder fast gleich groß. Das Auto kann zwar schneller fahren, hat aber weniger Kraft zum Beschleunigen.

Abgase
Die Abgase eines Autos sind heiß und gesundheitsschädlich. Das Auspuffsystem dämpft den Lärm und reinigt und kühlt die Abgase, bevor sie durch das Endrohr in die Umwelt entlassen werden. Das Abgas wird mit hoher Geschwindigkeit in den Auspuff gedrückt und muß einen Schalldämpfer passieren, der entweder den Abgasstrom verlangsamt oder dem Gas die Möglichkeit gibt, sich auszudehnen.

Um die Kurven
Dieser Wagen hat eine Zahnstangen- und Ritzel-Lenksystem. Ein Ritzel am Ende der Lenksäule greift in eine quer unter dem Wagen verlaufende Zahnstange. Wenn man das Lenkrad dreht, verschiebt sich die Zahnstange nach links oder rechts. Die Enden der Zahnstange sind mit den Spurstangenhebeln verbunden, die die Räder bewegen.

Das Differential

Differentialgehäuse

Antrieb vom Motor

Wenn ein Auto um eine Kurve fährt, hat das äußere Rad einen weiteren Weg zurückzulegen als das innere und muß sich deshalb schneller drehen. Darum dürfen die Antriebsräder nicht starr miteinander verbunden sein. Das Differential oder Ausgleichsgetriebe sorgt dafür, daß sich ein Antriebsrad schneller und das andere entsprechend langsamer dreht, obwohl beide unvermindert vom Motor angetrieben werden.

Bequeme Arbeitshöhe
Die Arbeit an der Unterseite eines Wagens kann recht schwierig sein, denn normale Wagenheber heben ein Auto nur ein kurzes Stück an. Diese elektrisch betriebene Hebebühne kann ein Auto mehr als 2 Meter hoch in die Luft heben, so daß die Mechaniker bequem arbeiten können. Manche Hebebühnen arbeiten mit einer Rampe, bei der das Auto auf seinen Rädern steht. Diese hier hat jedoch zwei Arme und ermöglicht auch Arbeiten an Rädern und Radaufhängung.

Spezialausbildung
Viele Werkstätten spezialisieren sich auf Verkauf und Reparatur nur eines Fabrikats. Die Autohersteller schulen die Mechaniker in speziellen Lehrwerkstätten, in denen sie alles über das jeweilige Fabrikat lernen und auch beigebracht bekommen, wie sie einen Computer zur Diagnose von Fehlern verwenden können.

Ein Mechaniker bei Schweißarbeiten an der Karosserie

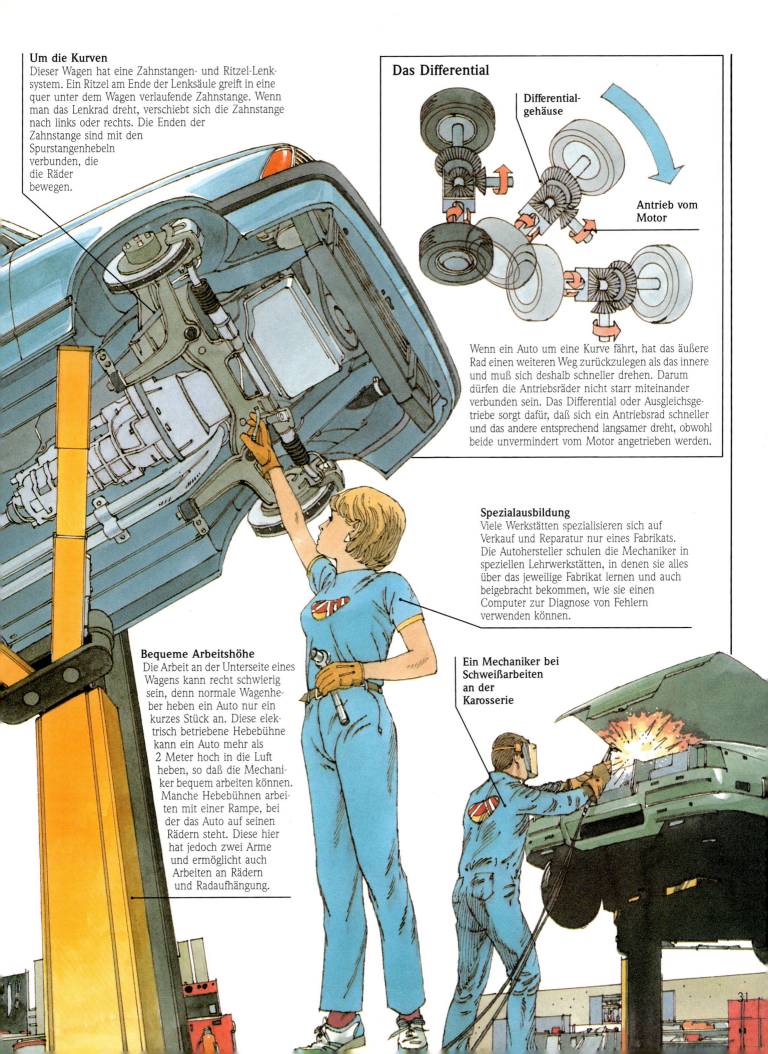

VERÄNDERTE FORMEN

Heute fahren Autos noch immer mit Benzin und haben vier Räder. Doch das ist auch das einzige, was sie mit ihren 80, 50 oder auch nur 30 Jahre alten Vorgängern gemeinsam haben. Die sichtbarste Veränderung hat im Bereich der Aerodynamik stattgefunden, denn moderne Autos haben Stromlinienform, um sie trotz geringer Motorkraft schneller zu machen. Doch heute, da die Motoren durchweg leistungsfähiger geworden sind, dient die Stromlinienform dazu, Treibstoff zu sparen und den Lärm zu verringern. Moderne Autos haben eine Karosserie aus Stahl und brauchen nicht länger ein davon getrenntes Fahrgestell (Seite 34), so daß sie breiter und geräumiger geworden sind und eine einfachere Form mit flachen Seiten haben können. Doch die vergleichsweise klobigen Formen früher Autos hatten auch Vorteile: das Ein- und Aussteigen war einfacher, ebenso das Arbeiten am Motor. Die Motoren moderner Autos liegen unter flachen, langgestreckten Hauben, und viele Teile sind nur schwer zugänglich.

Fünfzig Jahre auseinander
Als Opel 1938 den ersten Kadett herausbrachte, waren die Autos noch nicht sehr schnell, und das Benzin war billig. Für eine Stromlinienform bestand kein Anlaß; deshalb war das Auto recht hoch. Der moderne Opel Calibra dagegen ist ein flaches, breites Fahrzeug, das dem Wind auch bei hoher Geschwindigkeit nur wenig Widerstand entgegensetzt.

In ein Gummiprofil eingesetzte Windschutzscheibe

Vorstehende Scheibenwischer

Ausklappbarer Fahrtrichtungsanzeiger

Eingeklebte Windschutzscheibe aus Sicherheitsglas

Opel Calibra 1990

Opel Kadett 1938

Luftholen
Der Kadett hat einen hohen Kühlergrill, damit auch bei niedrigen Geschwindigkeiten genügend Luft eindringt, um den Motor zu kühlen. Der Bug ist aufwendig gearbeitet, und die Stoßstange ist aufgeschraubt. Die Kotflügel ähneln denen aus den 20er Jahren, die damals am Fahrgestell befestigt waren.

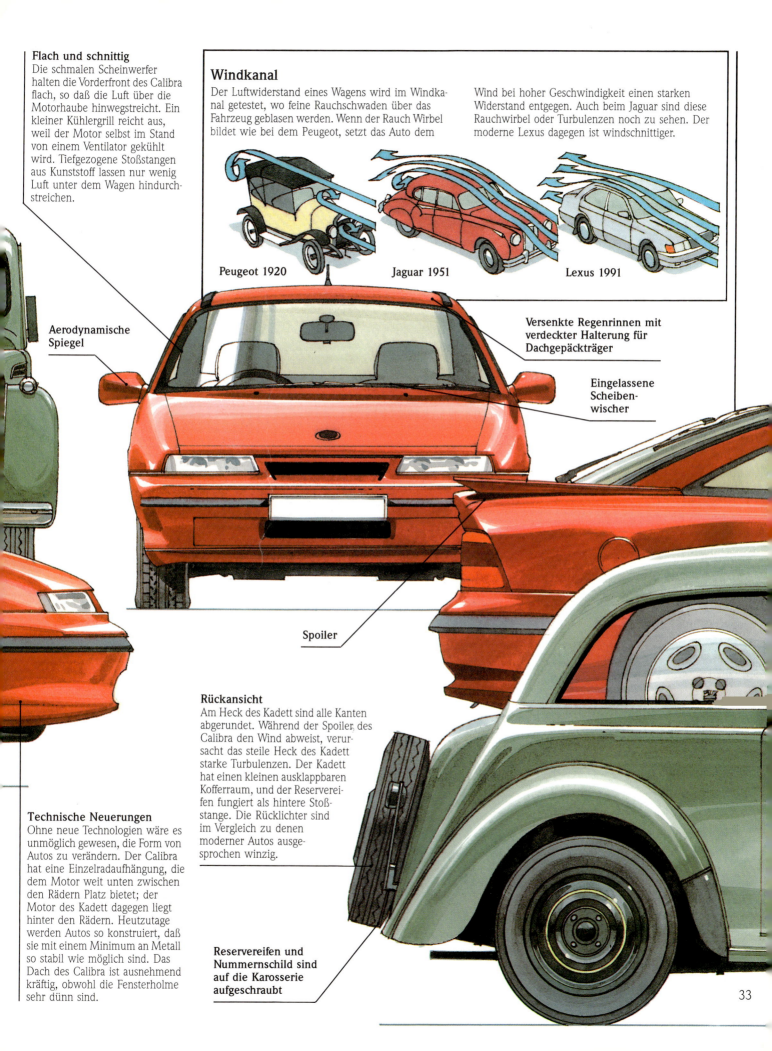

Flach und schnittig
Die schmalen Scheinwerfer halten die Vorderfront des Calibra flach, so daß die Luft über die Motorhaube hinwegstreicht. Ein kleiner Kühlergrill reicht aus, weil der Motor selbst im Stand von einem Ventilator gekühlt wird. Tiefgezogene Stoßstangen aus Kunststoff lassen nur wenig Luft unter dem Wagen hindurchstreichen.

Windkanal
Der Luftwiderstand eines Wagens wird im Windkanal getestet, wo feine Rauchschwaden über das Fahrzeug geblasen werden. Wenn der Rauch Wirbel bildet wie bei dem Peugeot, setzt das Auto dem Wind bei hoher Geschwindigkeit einen starken Widerstand entgegen. Auch beim Jaguar sind diese Rauchwirbel oder Turbulenzen noch zu sehen. Der moderne Lexus dagegen ist windschnittiger.

Peugeot 1920   Jaguar 1951   Lexus 1991

Aerodynamische Spiegel

Versenkte Regenrinnen mit verdeckter Halterung für Dachgepäckträger

Eingelassene Scheibenwischer

Spoiler

Rückansicht
Am Heck des Kadett sind alle Kanten abgerundet. Während der Spoiler des Calibra den Wind abweist, verursacht das steile Heck des Kadett starke Turbulenzen. Der Kadett hat einen kleinen ausklappbaren Kofferraum, und der Reservereifen fungiert als hintere Stoßstange. Die Rücklichter sind im Vergleich zu denen moderner Autos ausgesprochen winzig.

Technische Neuerungen
Ohne neue Technologien wäre es unmöglich gewesen, die Form von Autos zu verändern. Der Calibra hat eine Einzelradaufhängung, die dem Motor weit unten zwischen den Rädern Platz bietet; der Motor des Kadett dagegen liegt hinter den Rädern. Heutzutage werden Autos so konstruiert, daß sie mit einem Minimum an Metall so stabil wie möglich sind. Das Dach des Calibra ist ausnehmend kräftig, obwohl die Fensterholme sehr dünn sind.

Reservereifen und Nummernschild sind auf die Karosserie aufgeschraubt

DIE KAROSSERIE

Früher hatten alle Autos ein Fahrgestell mit einer aufgesetzten Karosserie. So konnten die Hersteller dasselbe Auto in verschiedenen Formen anbieten und die Formen auch öfter einmal ändern. Manche Firmen wie zum Beispiel Rolls-Royce verkauften nur Fahrgestelle; andere hatten sich auf Karosserien spezialisiert. Ursprünglich hatten diese Karosseriebauer Karossen, also Pferdekutschen, gebaut.

Heute haben nur noch die wenigsten Autos ein von der Karosserie getrenntes Fahrgestell. Wagenboden und Aufbau bestehen aus Stahl und bilden eine Einheit. Bei dieser Herstellungsweise entstehen stabile, aber einfache Rahmen, die für den Zusammenbau durch Roboter hervorragend geeignet sind. Moderne Autos lassen sich außerdem wesentlich preiswerter herstellen, doch sobald die Produktion eines Modells angelaufen ist, können selbst geringfügige Änderungen Millionenbeträge verschlingen. Einige wenige Hersteller von Spezialfahrzeugen bauen noch heute Autos mit einem separaten Fahrgestell.

Vorausplanung
Die meisten Autos bestehen aus zusammengeschweißten Stahlblechen. Sie müssen perfekt zusammenpassen, und ihre Form muß deshalb in allen Einzelheiten vorausgeplant werden. Manche Bleche, wie zum Beispiel Kotflügel und Motorhaube, können nach einem Unfall ausgewechselt werden. Nach einem schweren Unfall können in der Werkstatt alle unbeschädigten Teile ausgebaut und Wagen wieder verwendet werden.

Schlaglöcher
Autos brauchen eine Federung, damit Unebenheiten in der Fahrbahn ausgeglichen werden und kein Rad den Kontakt zum Boden verliert. Zu jeder Art der Federung gehört ein Stoßdämpfer, der verhindert, daß das Rad nach einem harten Schlag nachfedert. Die Einzelradaufhängung ermöglicht es, mit einem Rad über eine Unebenheit zu fahren, ohne daß das Rad an der anderen Seite in seinem Lauf gestört wird. Außerdem sind Straßenlage und Fahrkomfort wesentlich besser als bei den früher verwendeten Starrachsen. Starrachsen findet man heute nur noch bei einigen Geländewagen mit Allradantrieb, denn diese Achsen sind einfach gebaut und sehr stabil.

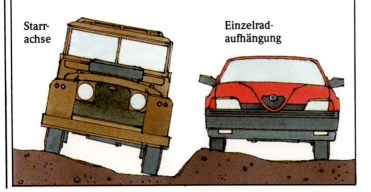

Starrachse

Einzelradaufhängung

Unter der Haut
Die Karosserie eines modernen Autos läßt sich nicht abnehmen, im Gegensatz zu der eines Modell T von Ford (Seite 14–15). Die heutigen Karosserien bestehen aus vielen geformten Stahlblechen, für die kein separates Fahrgestell erforderlich ist. Wenn man aber die oberen Bleche eines Nissan Sunny abnehmen könnte, würde das so aussehen wie auf dieser Abbildung. Die unteren Bleche bilden die Bodenwanne.

Windschutzscheibe aus stabilem Verbundsicherheitsglas

Der Motorraum
Der Motorraum ist der komplizierteste Teil der Karosserie. Er muß so stabil sein, daß er den Motor und die Radaufhängung tragen kann. Außerdem muß er sich bei einem Auffahrunfall zusammenfalten (Seite 28–29). Die Luft muß den Kühlergrill leicht durchdringen können, und schließlich muß der Motorraum auch so geräumig sein, daß ein Mechaniker alle Teile des Motors bequem erreichen kann.

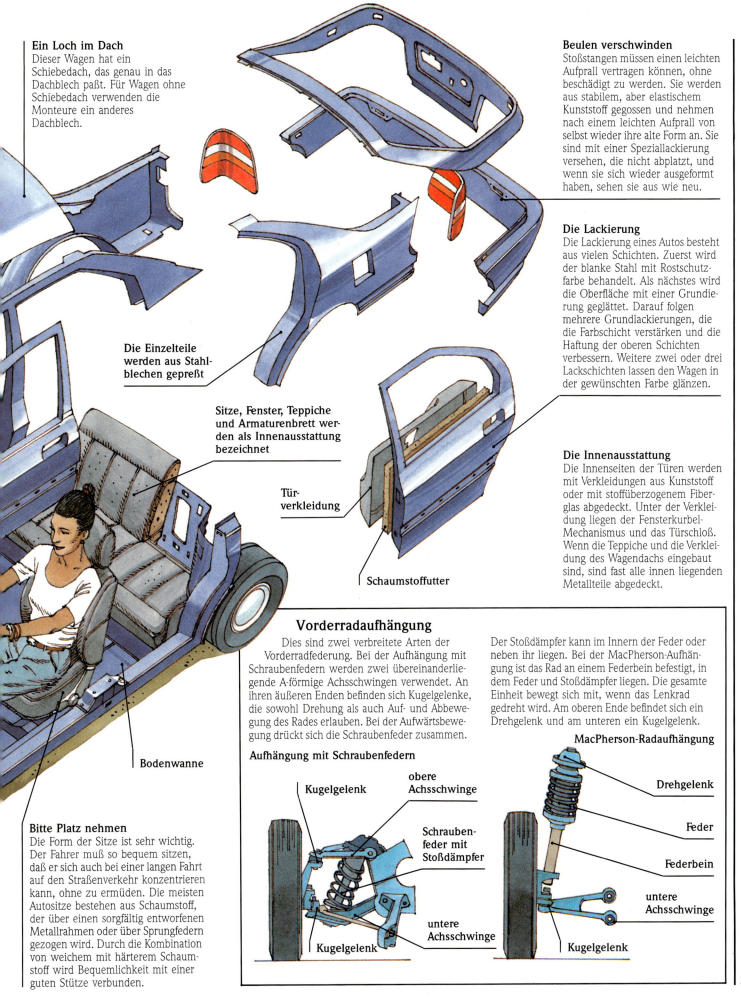

Ein Loch im Dach
Dieser Wagen hat ein Schiebedach, das genau in das Dachblech paßt. Für Wagen ohne Schiebedach verwenden die Monteure ein anderes Dachblech.

Die Einzelteile werden aus Stahlblechen gepreßt

Sitze, Fenster, Teppiche und Armaturenbrett werden als Innenausstattung bezeichnet

Türverkleidung

Schaumstoffutter

Bodenwanne

Bitte Platz nehmen
Die Form der Sitze ist sehr wichtig. Der Fahrer muß so bequem sitzen, daß er sich auch bei einer langen Fahrt auf den Straßenverkehr konzentrieren kann, ohne zu ermüden. Die meisten Autositze bestehen aus Schaumstoff, der über einen sorgfältig entworfenen Metallrahmen oder über Sprungfedern gezogen wird. Durch die Kombination von weichem mit härterem Schaumstoff wird Bequemlichkeit mit einer guten Stütze verbunden.

Beulen verschwinden
Stoßstangen müssen einen leichten Aufprall vertragen können, ohne beschädigt zu werden. Sie werden aus stabilem, aber elastischem Kunststoff gegossen und nehmen nach einem leichten Aufprall von selbst wieder ihre alte Form an. Sie sind mit einer Speziallackierung versehen, die nicht abplatzt, und wenn sie sich wieder ausgeformt haben, sehen sie aus wie neu.

Die Lackierung
Die Lackierung eines Autos besteht aus vielen Schichten. Zuerst wird der blanke Stahl mit Rostschutzfarbe behandelt. Als nächstes wird die Oberfläche mit einer Grundierung geglättet. Darauf folgen mehrere Grundlackierungen, die die Farbschicht verstärken und die Haftung der oberen Schichten verbessern. Weitere zwei oder drei Lackschichten lassen den Wagen in der gewünschten Farbe glänzen.

Die Innenausstattung
Die Innenseiten der Türen werden mit Verkleidungen aus Kunststoff oder mit stoffüberzogenem Fiberglas abgedeckt. Unter der Verkleidung liegen der Fensterkurbel-Mechanismus und das Türschloß. Wenn die Teppiche und die Verkleidung des Wagendachs eingebaut sind, sind fast alle innen liegenden Metallteile abgedeckt.

Vorderradaufhängung
Dies sind zwei verbreitete Arten der Vorderradfederung. Bei der Aufhängung mit Schraubenfedern werden zwei übereinanderliegende A-förmige Achsschwingen verwendet. An ihren äußeren Enden befinden sich Kugelgelenke, die sowohl Drehung als auch Auf- und Abbewegung des Rades erlauben. Bei der Aufwärtsbewegung drückt sich die Schraubenfeder zusammen.

Der Stoßdämpfer kann im Innern der Feder oder neben ihr liegen. Bei der MacPherson-Aufhängung ist das Rad an einem Federbein befestigt, in dem Feder und Stoßdämpfer liegen. Die gesamte Einheit bewegt sich mit, wenn das Lenkrad gedreht wird. Am oberen Ende befindet sich ein Drehgelenk und am unteren ein Kugelgelenk.

Aufhängung mit Schraubenfedern

Kugelgelenk
obere Achsschwinge
Schraubenfeder mit Stoßdämpfer
untere Achsschwinge
Kugelgelenk

MacPherson-Radaufhängung

Drehgelenk
Feder
Federbein
untere Achsschwinge
Kugelgelenk

FREIZEITVERGNÜGEN

Heute ist das Autofahren für uns so selbstverständlich geworden, daß wir darüber leicht vergessen, daß es einmal etwas Aufregendes und Besonderes war. Die Sonntagsfahrt war der Höhepunkt der Woche, ob es nun zum Picknick ging oder ein Ausflug an den Strand unternommen wurde. Heute sind die Straßen oft verstopft, und lange Staus sind keine Seltenheit. Trotzdem ist das Auto noch immer ein praktisches Verkehrsmittel. Es befördert bis zu fünf Personen und bietet im Kofferraum Platz für ihr Gepäck. Es verleitet auch zur Faulheit, weil viele Leute selbst auf Kurzstrecken nicht auf ihr Auto verzichten wollen. Autos helfen den Menschen bei der Ausübung ihrer Hobbys. Die ganze Familie kann einen Ausflug unternehmen. Radfahrer können mit den Rädern auf dem Autodach ins Grüne fahren, und Skiläufer und Angler können jedes Wochenende in den Bergen oder an einem Fluß verbringen. Probleme gibt es erst dann, wenn alle heimwärtsstrebenden Ausflügler am Sonntagabend dieselbe Straße benutzen wollen.

Speisen mit Stil
In den 20er Jahren unseres Jahrhunderts, als Autos noch etwas Neues waren, war schon das Fahren selbst ein Vergnügen. Autos gaben manchen Familien zum erstenmal die Gelegenheit, aufs Land zu fahren und Ausflüge zu machen. Picknicks kamen groß in Mode, und reiche Leute besaßen kostspielige Picknickkoffer mit feinstem Porzellan und silbernem Besteck.

Urlaubsfahrt
Ferienstimmung erfüllt das Auto dieser Familie, die in der Schlange vor einer Autofähre wartet. Wenn man ein Auto hat, ist es kein Problem, alles mitzunehmen, was im Urlaub gebraucht wird. Hier sieht man Anhänger und Wohnwagen, Fahrräder und Boote – und ausreichend Gepäck für einen zweiwöchigen Urlaub.

Im Schlepp
Einige Autos haben einen Anhänger. Dieser Wasserskiläufer hat sein eigenes Motorboot im Schlepp. Mit einem kastenförmigen Anhänger bietet ein normaler Personenwagen soviel Stauraum wie ein Lieferwagen. Reiter benutzen Pferdeanhänger für den Transport ihrer Tiere.

Platz auf dem Dach
Wenn der Kofferraum nicht genügend Platz für das Gepäck bietet, kann ein Dachgepäckträger Abhilfe schaffen. Die ersten Dachkoffer erhöhten den Luftwiderstand des Autos (Seite 33), doch dieser moderne Kunststoffkoffer ist aerodynamisch günstig geformt.

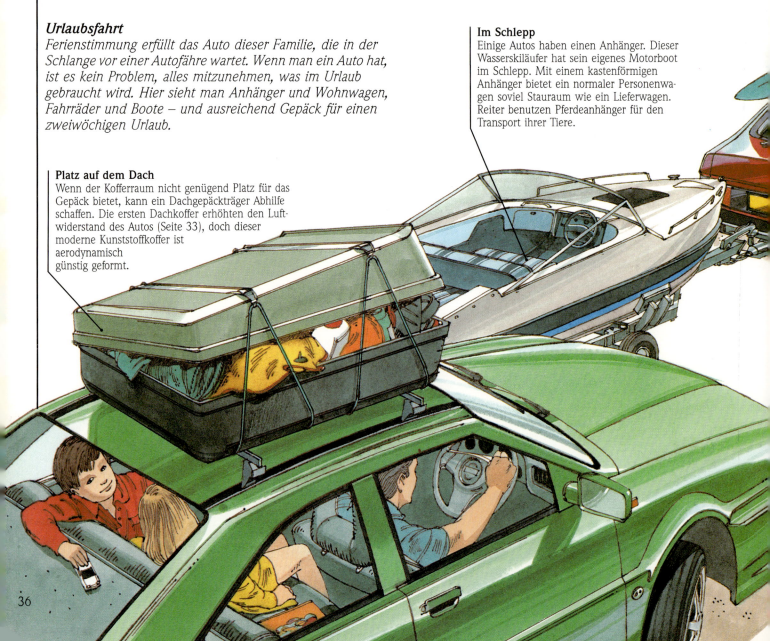

Mit der Fähre
Riesige Autofähren befördern Hunderte von Autos und Lastwagen auf mehreren Decks. Die Fahrzeuge fahren durch die große Bugöffnung auf die Fähre und verlassen sie durch eine Rampe am Heck. Auf wichtigen Wasserstraßen wie dem Ärmelkanal verkehren die Fähren Tag und Nacht.

Fast wie zu Hause
Ein Wohnwagen ist so etwas wie ein Heim auf Rädern, mit dem man in den Urlaub fährt. Es gibt sehr kleine Wohnwagen mit nur zwei Schlafstellen, für die ein Kleinwagen ausreicht, aber auch riesige Ausführungen, für die ein starkes Zugfahrzeug nötig ist.

Surfbretter lassen sich problemlos auf dem Dach befördern

Räder auf dem Dach
Fahrräder sind so sperrig, daß sie nicht in ein Auto passen. Mit einem Fahrradträger können sie aber sicher auf dem Dach befestigt werden. Dieser Träger bietet Platz für zwei Fahrräder. Außerdem gibt es Spezialträger für Skier, Leitern und Angelruten. Sogar kleine Boote kann man auf dem Dach eines Autos transportieren.

Gepäckbeförderung
In der Anfangszeit schnallten die Autofahrer ihr Gepäck einfach von außen an das Heck ihres Wagens. Dann boten manche Hersteller einen abschließbaren Kofferraum und später auch ein abschließbares Handschuhfach an. Seit den 50er Jahren haben alle Autos einen Kofferraum, in dem auch das Reserverad Platz findet. Die modernen fünftürigen Autos bieten mittlerweile fast genausoviel Stauraum wie Kombiwagen.

Dieser französische Delage von 1934 hat einen kleinen Kofferraum mit einem geteilten Deckel

Der Kofferraum dieses Riley von 1954 hat eine große Klappe und ein Reserverad unter dem Boden

Der kleine Fiat Panda hat einen großen Laderaum

PANNE

Moderne Autos sind sehr zuverlässig, wenn man bedenkt, was für gewaltige Strecken mit ihnen zurückgelegt werden. Um 1900 hatte jeder Autofahrer eine komplette Werkzeugausrüstung dabei, denn Pannen waren an der Tagesordnung; heute nehmen die meisten Menschen nicht mehr als ein Radkreuz und einen Wagenheber mit. Moderne Autos sind so kompliziert, daß nur die wenigsten sie selbst reparieren können; deshalb schließen sich viele Fahrer einem Automobilclub an. Diese Clubs haben Hunderte von Straßenwachtfahrzeugen, die über Funk miteinander verbunden sind. Wenn ein Autofahrer mit einem streikenden Wagen anruft, verständigt die Zentrale den nächsten Einsatzwagen.

Unterbrechung der Reise
Während der Ferienverkehr über die Autobahn rollt, wartet eine Familie auf die Straßenwacht, die ihren Wagen wieder flottmachen soll. Sollte sie den Fehler nicht beheben können, wird sie über Funk einen Abschleppwagen rufen. Vielleicht kann sie das Auto aber auch behelfsmäßig reparieren, so daß die Familie bis an ihr Ziel kommt und den Wagen dort in eine Werkstatt bringen kann.

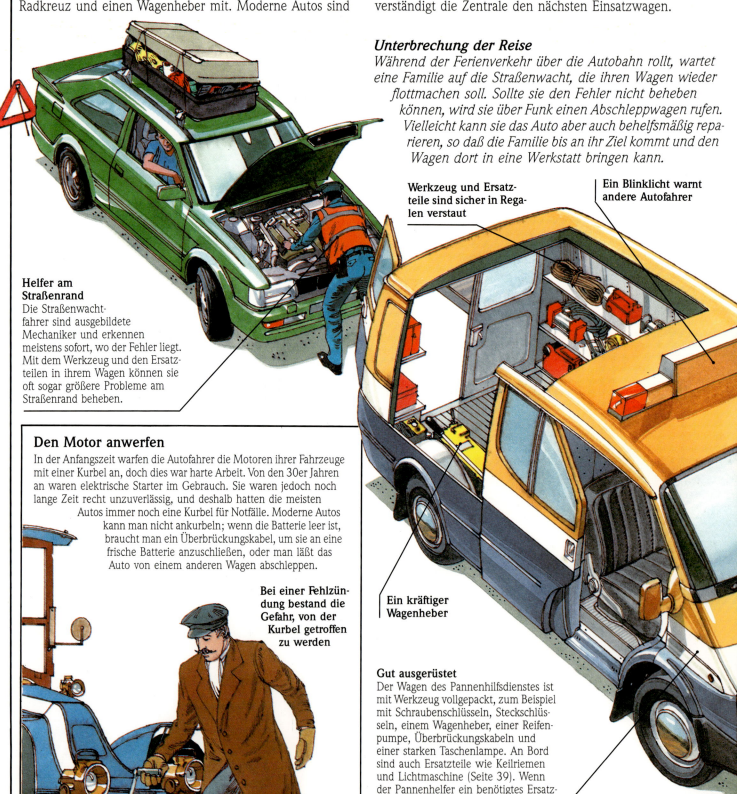

Werkzeug und Ersatzteile sind sicher in Regalen verstaut

Ein Blinklicht warnt andere Autofahrer

Ein kräftiger Wagenheber

Helfer am Straßenrand
Die Straßenwachtfahrer sind ausgebildete Mechaniker und erkennen meistens sofort, wo der Fehler liegt. Mit dem Werkzeug und den Ersatzteilen in ihrem Wagen können sie oft sogar größere Probleme am Straßenrand beheben.

Den Motor anwerfen
In der Anfangszeit warfen die Autofahrer die Motoren ihrer Fahrzeuge mit einer Kurbel an, doch dies war harte Arbeit. Von den 30er Jahren an waren elektrische Starter im Gebrauch. Sie waren jedoch noch lange Zeit recht unzuverlässig, und deshalb hatten die meisten Autos immer noch eine Kurbel für Notfälle. Moderne Autos kann man nicht ankurbeln; wenn die Batterie leer ist, braucht man ein Überbrückungskabel, um sie an eine frische Batterie anzuschließen, oder man läßt das Auto von einem anderen Wagen abschleppen.

Bei einer Fehlzündung bestand die Gefahr, von der Kurbel getroffen zu werden

Gut ausgerüstet
Der Wagen des Pannenhilfsdienstes ist mit Werkzeug vollgepackt, zum Beispiel mit Schraubenschlüsseln, Steckschlüsseln, einem Wagenheber, einer Reifenpumpe, Überbrückungskabeln und einer starken Taschenlampe. An Bord sind auch Ersatzteile wie Keilriemen und Lichtmaschine (Seite 39). Wenn der Pannenhelfer ein benötigtes Ersatzteil nicht in seinem Wagen hat, kann er es über Funk anfordern.

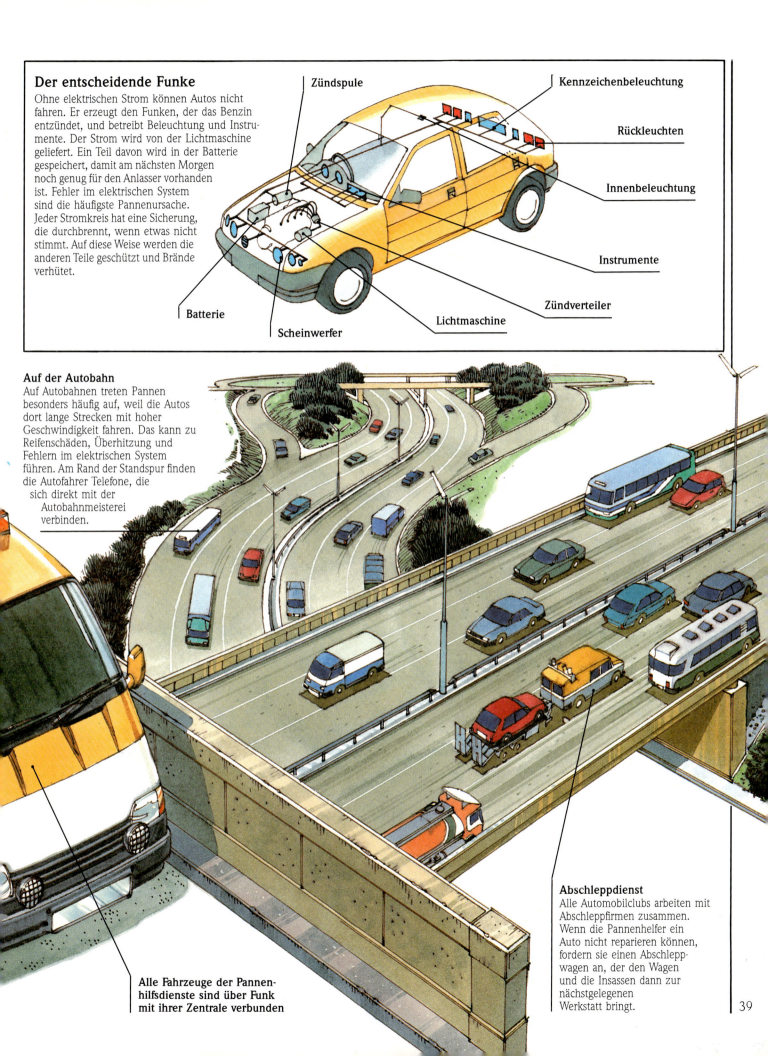

Der entscheidende Funke

Ohne elektrischen Strom können Autos nicht fahren. Er erzeugt den Funken, der das Benzin entzündet, und betreibt Beleuchtung und Instrumente. Der Strom wird von der Lichtmaschine geliefert. Ein Teil davon wird in der Batterie gespeichert, damit am nächsten Morgen noch genug für den Anlasser vorhanden ist. Fehler im elektrischen System sind die häufigste Pannenursache. Jeder Stromkreis hat eine Sicherung, die durchbrennt, wenn etwas nicht stimmt. Auf diese Weise werden die anderen Teile geschützt und Brände verhütet.

Zündspule
Kennzeichenbeleuchtung
Rückleuchten
Innenbeleuchtung
Instrumente
Zündverteiler
Lichtmaschine
Scheinwerfer
Batterie

Auf der Autobahn

Auf Autobahnen treten Pannen besonders häufig auf, weil die Autos dort lange Strecken mit hoher Geschwindigkeit fahren. Das kann zu Reifenschäden, Überhitzung und Fehlern im elektrischen System führen. Am Rand der Standspur finden die Autofahrer Telefone, die sich direkt mit der Autobahnmeisterei verbinden.

Alle Fahrzeuge der Pannenhilfsdienste sind über Funk mit ihrer Zentrale verbunden

Abschleppdienst

Alle Automobilclubs arbeiten mit Abschleppfirmen zusammen. Wenn die Pannenhelfer ein Auto nicht reparieren können, fordern sie einen Abschleppwagen an, der den Wagen und die Insassen dann zur nächstgelegenen Werkstatt bringt.

VERBLÜFFENDE AUTOS

Gewöhnliche Autos sieht man jeden Tag, aber es gibt auch einige wirklich erstaunliche Autos, die man fast nie in den Straßen sehen wird. Manche von ihnen erfüllen mehr als nur einen Zweck, so zum Beispiel das Fliegende Auto oder ein Amphibienfahrzeug, das auf dem Land und im Wasser fährt. Das Fliegende Auto erwies sich als Fehlschlag und kostete mehr als die Anschaffung eines Flugzeugs und eines Autos zusammen. Das Amphibienfahrzeug dagegen war ein voller Erfolg. Heute sind diese beiden Fahrzeuge begehrte Sammlerstücke.

Andere ungewöhnliche Autos sieht man auf Autoausstellungen. Bei ihnen handelt es sich um Einzelstücke, die die Aufmerksamkeit der Besucher auf einen bestimmten Hersteller lenken sollen. Sie werden fast nie in Serie produziert und in den Handel gebracht, aber sie sind oft mit technischen Neuerungen ausgestattet, die einen Einfluß auf die Autos der Zukunft haben können.

Ungewöhnliche Autos braucht man auch für gefährliche Filmszenen (Seite 54–55). Andere werden für Werbezwecke gebaut. Es gab schon Autos in Form einer Bierflasche, eines Hauses und einer Weltraumrakete. Doch selbst die verrücktesten Fahrzeuge müssen von einfallsreichen Konstrukteuren entworfen werden.

Abnehmbares Heck mit einem Druckpropeller

Der Fliegende Auto hatte eine Flügelspannweite von 10,4 Meter

Überraschungen am Strand
Die Badegäste staunen nicht schlecht, als ein Motorboot ans Ufer fährt und sich dort als Auto entpuppt. Der Pilot eines kleinen Flugzeuges wundert sich über eine riesige Apfelsine, die sich am Strand entlangbewegt. Er beschließt, sie sich genauer anzusehen. Er landet auf einem nahe gelegenen Flugplatz, nimmt Heck und Tragflächen ab und fährt mit seinem fliegenden Auto zurück zum Strand. Dies ist wirklich ein Tag voller Überraschungen!

Eine rollende Frucht
In den 70er Jahren ließ sich eine Obstfirma „fahrbare Apfelsinen" bauen. Sie bestanden aus dem Motor und dem Getriebe eines Mini auf einem besonders kurzen Fahrgestell und einer Hülle aus Fiberglas darauf. Diese motorisierten Apfelsinen hatten Scheibenwischer und Beleuchtung und durften deshalb auf öffentlichen Straßen fahren. Sie waren nicht schnell, stellten aber eine gute Werbung für die Obstfirma dar.

Wasserfahrzeug
Dieses deutsche Amphibienfahrzeug stammt aus den frühen 60er Jahren. Im Wasser erreichte es eine Geschwindigkeit von 12 km/h, auf der Straße fuhr es 120 km/h schnell. Gummidichtungen an den Türen verhinderten das Eindringen von Wasser. Der Heckmotor trieb entweder die Räder an oder zwei kleine Schrauben, die unter dem Heck angebracht waren. Im Wasser wurde das Fahrzeug mit den Vorderrädern gesteuert.

Das Fliegende Auto

Der amerikanische Erfinder dieses fliegenden Autos wollte die Fahrzeit verkürzen und Verkehrsstaus vermeiden. Wenn die Tragflächen und das Heck angeschraubt waren, flog das Auto mit einer Geschwindigkeit von 160 km/h. Nach der Landung wurden die zum Fliegen nötigen Teile abgeschraubt, in einen Anhänger verwandelt und hinter das zweisitzige Auto gehängt. Die Idee war nicht schlecht, aber leider erwies sich das Fahrzeug weder als gutes Flugzeug noch als gutes Auto.

Mondfähre

Astronauten benutzten diese Mondfähre, um längere Strecken auf der Oberfläche des Mondes zurückzulegen. Elektromotoren trieben alle vier Räder an. Die Mondfähre war das teuerste Auto, das je gebaut wurde, und ließ sich zu einem kleinen Paket zusammenlegen, das im Raumschiff untergebracht werden konnte.

Schirmförmige Funkantenne

Vom Raumschiff aus bediente Fernsehkamera

Das Auto steht immer noch auf dem Mond, wo die Astronauten es zurückließen

Metallverstärkte Spezialreifen

Luxuslimousine mit zehn Rädern

Wer viele Freunde hat, braucht ein Auto wie dieses. Dieser Cadillac, eine Spezialanfertigung von 1967, ist 14,6 Meter lang. Er bietet Platz für 22 Insassen, und der Kofferraum birgt eine große Überraschung – wie auf der nächsten Seite zu sehen ist. Das Auto wird mit einem Spezialanhänger zu Ausstellungen befördert, denn es ist so lang, daß es niemals um eine Kurve käme.

Zehn Räder sind für dieses schwere Fahrzeug erforderlich

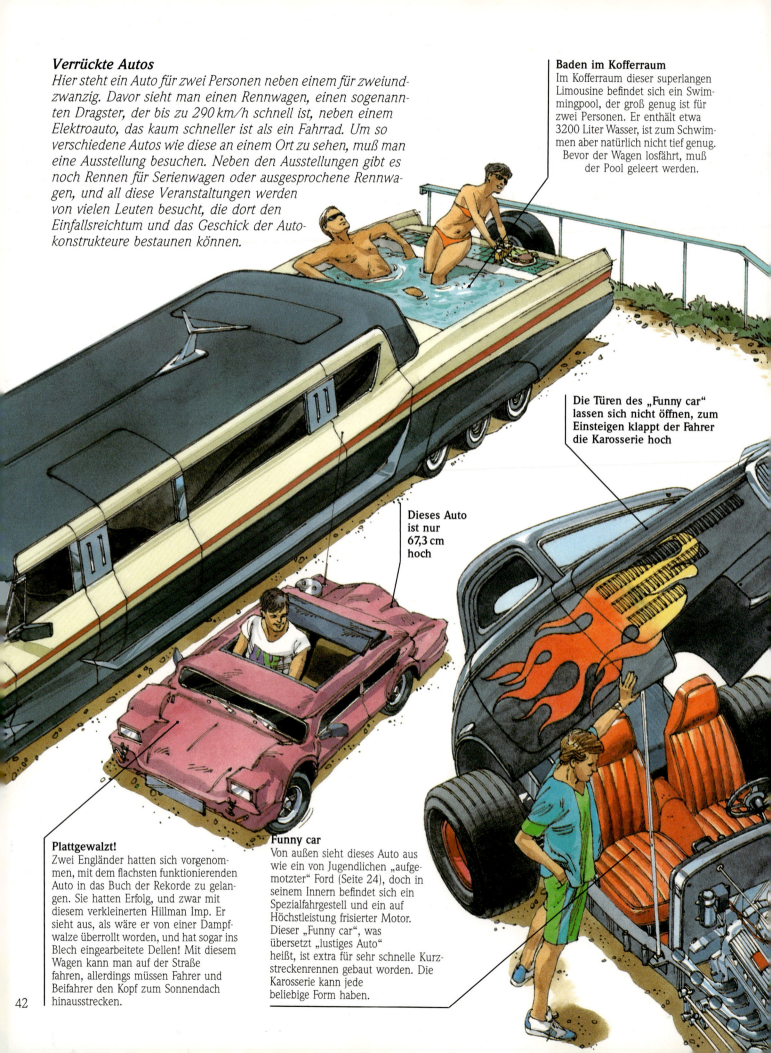

Verrückte Autos

Hier steht ein Auto für zwei Personen neben einem für zweiundzwanzig. Davor sieht man einen Rennwagen, einen sogenannten Dragster, der bis zu 290 km/h schnell ist, neben einem Elektroauto, das kaum schneller ist als ein Fahrrad. Um so verschiedene Autos wie diese an einem Ort zu sehen, muß man eine Ausstellung besuchen. Neben den Ausstellungen gibt es noch Rennen für Serienwagen oder ausgesprochene Rennwagen, und all diese Veranstaltungen werden von vielen Leuten besucht, die dort den Einfallsreichtum und das Geschick der Autokonstrukteure bestaunen können.

Baden im Kofferraum
Im Kofferraum dieser superlangen Limousine befindet sich ein Swimmingpool, der groß genug ist für zwei Personen. Er enthält etwa 3200 Liter Wasser, ist zum Schwimmen aber natürlich nicht tief genug. Bevor der Wagen losfährt, muß der Pool geleert werden.

Die Türen des „Funny car" lassen sich nicht öffnen, zum Einsteigen klappt der Fahrer die Karosserie hoch

Dieses Auto ist nur 67,3 cm hoch

Plattgewalzt!
Zwei Engländer hatten sich vorgenommen, mit dem flachsten funktionierenden Auto in das Buch der Rekorde zu gelangen. Sie hatten Erfolg, und zwar mit diesem verkleinerten Hillman Imp. Er sieht aus, als wäre er von einer Dampfwalze überrollt worden, und hat sogar ins Blech eingearbeitete Dellen! Mit diesem Wagen kann man auf der Straße fahren, allerdings müssen Fahrer und Beifahrer den Kopf zum Sonnendach hinausstrecken.

Funny car
Von außen sieht dieses Auto aus wie ein von Jugendlichen „aufgemotzter" Ford (Seite 24), doch in seinem Innern befindet sich ein Spezialfahrgestell und ein auf Höchstleistung frisierter Motor. Dieser „Funny car", was übersetzt „lustiges Auto" heißt, ist extra für sehr schnelle Kurzstreckenrennen gebaut worden. Die Karosserie kann jede beliebige Form haben.

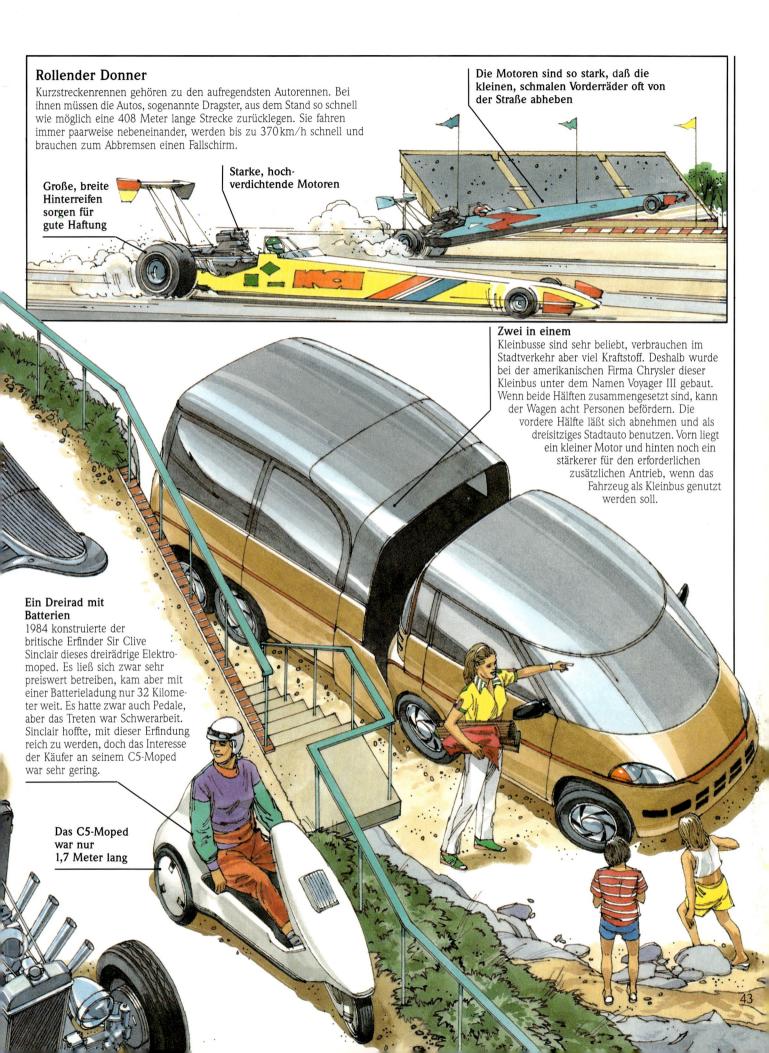

Rollender Donner

Kurzstreckenrennen gehören zu den aufregendsten Autorennen. Bei ihnen müssen die Autos, sogenannte Dragster, aus dem Stand so schnell wie möglich eine 408 Meter lange Strecke zurücklegen. Sie fahren immer paarweise nebeneinander, werden bis zu 370 km/h schnell und brauchen zum Abbremsen einen Fallschirm.

Große, breite Hinterreifen sorgen für gute Haftung

Starke, hochverdichtende Motoren

Die Motoren sind so stark, daß die kleinen, schmalen Vorderräder oft von der Straße abheben

Zwei in einem

Kleinbusse sind sehr beliebt, verbrauchen im Stadtverkehr aber viel Kraftstoff. Deshalb wurde bei der amerikanischen Firma Chrysler dieser Kleinbus unter dem Namen Voyager III gebaut. Wenn beide Hälften zusammengesetzt sind, kann der Wagen acht Personen befördern. Die vordere Hälfte läßt sich abnehmen und als dreisitziges Stadtauto benutzen. Vorn liegt ein kleiner Motor und hinten noch ein stärkerer für den erforderlichen zusätzlichen Antrieb, wenn das Fahrzeug als Kleinbus genutzt werden soll.

Ein Dreirad mit Batterien

1984 konstruierte der britische Erfinder Sir Clive Sinclair dieses dreirädrige Elektromoped. Es ließ sich zwar sehr preiswert betreiben, kam aber mit einer Batterieladung nur 32 Kilometer weit. Es hatte zwar auch Pedale, aber das Treten war Schwerarbeit. Sinclair hoffte, mit dieser Erfindung reich zu werden, doch das Interesse der Käufer an seinem C5-Moped war sehr gering.

Das C5-Moped war nur 1,7 Meter lang

ÜBER STOCK UND STEIN

Rallyefahrer üben einen harten und schnellen Sport aus. Rallyes unterscheiden sich deutlich von gewöhnlichen Autorennen, bei denen alle Fahrzeuge zur gleichen Zeit auf derselben Strecke um die Wette fahren. Auch Rallyewagen folgen derselben Strecke, aber sie fahren hintereinander. Die Strecke kann über Bergstraßen und Waldwege, aber auch über öffentliche Straßen führen, die von der Polizei für den normalen Verkehr gesperrt wurden. Die Strecke ist in mehrere Abschnitte unterteilt, zwischen denen die Zeit gestoppt wird. Wichtige Rallyes können mehrere Tage dauern und aus mehr als 40 Abschnitten bestehen, mit 80 oder 90 Kontrollpunkten. Die Autos sind Serienwagen, die jedoch so umgebaut wurden, daß sie wesentlich schneller, lauter und stärker sind als die normalen Modelle. Sie haben nur Vordersitze. Neben dem Fahrer sitzt der Beifahrer, der die Streckenbeschreibung verfolgt. Rallyes werden im Sommer und im Winter gefahren, im verschneiten Skandinavien ebenso wie in der Hitze Ostafrikas.

Kontrollpunkte
An jedem Kontrollpunkt warten Zeitnehmer, die auf der Zeitkarte, die jeder Beifahrer dabei hat, vermerken, wann der Wagen den Kontrollpunkt passiert hat. So wird sichergestellt, daß die Wagen alle Kontrollpunkte passieren; außerdem läßt sich auf der Zeitkarte die Gesamtfahrzeit ablesen.

Eine Höllenfahrt
Mit voll aufgeblendeten Scheinwerfern donnert dieser Ford Escort Cosworth durch den dunklen Wald, schlittert und springt auf dem unbefestigten Weg. Während der Fahrer mit viel Geschick und ausgezeichneten Reflexen die Strecke meistert, konzentriert sich der Beifahrer auf seine Aufzeichnungen, um ihn vor Kurven oder Unebenheiten zu warnen.

Funkantenne

Verbesserte Haftung
Rallyewagen sehen aus wie normale Serienwagen, sind aber mit Turboladern, Spezialreifen mit verbesserter Haftung und besonders starken Bremsen ausgerüstet. Die besten Wagen haben außerdem einen Allradantrieb (Seite 49), damit sie auch in tiefem Boden nicht steckenbleiben.

Stark und sicher

Jedes Team bemüht sich, seinen Wagen so stabil und sicher zu machen wie nur möglich. Sie bauen Überrollbügel aus Stahl ein, die einen stabilen Käfig um den Innenraum bilden und die Insassen bei einem Unfall und beim Umstürzen des Wagens schützen. Außerdem werden die Wagen mit feuersicheren Tanks, Feuerlöschern und einer besonders leistungsfähigen Federung ausgerüstet. Fahrer und Beifahrer sitzen in Schalensitzen und tragen feuerfeste Overalls, Handschuhe und Schuhe, die bei Rennen in heißen Ländern sehr warm und unbequem sein können.

Die Überrollbügel werden in die Karosserie eingearbeitet

Leichtgewichtige Schalensitze geben guten Halt

Feuerfeste Overalls

Funksprüche
Erfolgreiche Teams haben einen Sender in ihrem Wagen und einen Empfänger im Bus ihrer Mechanikermannschaft. Wenn ein Schaden am Wagen auftritt, kann der Beifahrer die Mechaniker über Funk informieren. Die Mechaniker können nur an bestimmten Punkten der Strecke an den Wagen arbeiten, müssen also schon im voraus wissen, welche Ersatzteile bei der Ankunft des Rallyeautos bereitliegen müssen.

In Verbindung
Die Insassen des Rallyewagens müssen Schutzhelme tragen. In die Helme sind Mikrofone und Kopfhörer eingebaut, damit der Fahrer trotz des Motorenlärms die Anweisungen des Beifahrers hören kann.

Abgeblendet
Bei Nachtfahrten auf der Strecke können die Fahrer ihre Scheinwerfer ohne Bedenken aufblenden. Wenn sie aber normale Straßen benutzen, müssen sie beim Herannahen entgegenkommender Fahrzeuge vom Fernlicht auf Abblendlicht umschalten. Es strahlt nicht ganz so hell und ist mehr auf die Straße gerichtet. Bei Nebel werden breit und flach strahlende Scheinwerfer benutzt.

Fernlicht – weit strahlend, sehr hell

Abblendlicht – kürzer, zum Straßenrand gerichtet

Nebellicht – flach, breit, strahlt unter dem Nebel hindurch

Starke Scheinwerfer für Nachtfahrten

Harte Probe
Die meisten Rallyes führen über unbefestigte Wege, auf denen Federung und Reifen eines normalen Autos nur wenige Kilometer überleben würden. Mit ihren Spezialreifen und den verstärkten Federn können Rallyewagen auf solchen Strecken jedoch schneller fahren als normale Autos auf glatten Straßen.

KLEINWAGEN

Viele Menschen ziehen kleine Autos großen vor. Sie sind leichter zu fahren und einzuparken und meistens auch billiger in Anschaffung und Unterhalt. In den 20er und 30er Jahren, als das Autofahren noch ein teures Hobby war, versuchten die Erfinder, kleine, einfache Autos zu konstruieren, die nicht teuer sein sollten. Sie hofften, daß jeder sich so ein Auto kaufen würde. Doch diese Autos waren häufig sehr langsam, nicht sicher und außerdem unbequem. Dann begannen die Hersteller, kleine, billige Autos zu produzieren, die zwei Erwachsenen und zwei Kindern ausreichend Platz boten. Sehr erfolgreiche Beispiele hierfür sind der englische Austin Seven und der italienische Fiat Topolino. Nachdem sich auch der „kleine Mann" an das Autofahren gewöhnt hatte, wünschte er sich geräumigere Wagen. So entstanden Autos wie der Volkswagen Käfer und der englische Morris Minor. Sie boten etwas mehr Platz, waren aber immer noch einfach gebaut. Der englische Mini war der erste Kleinwagen mit vier Sitzen.

Parkplatzsuche
Jahr für Jahr werden Parkplätze in den Städten knapper. Kleine Autos mit einem engen Wendekreis lassen sich leicht einparken und verbrauchen selbst im Stadtverkehr nur wenig Treibstoff. Heute produzieren fast alle Hersteller Kompaktwagen, in denen vier Personen Platz finden und die trotzdem für Fahrten im Stadtverkehr nicht zu groß sind.

Der Morris Minor
Im Morris Minor 1000 ließen sich vier Personen und ihr Gepäck bequem unterbringen. Dieser Wagen, der in den 50er und 60er Jahren sehr beliebt war, war leicht zu fahren und hatte einen einfachen Motor. Er fuhr auf unebenen Strecken ebensogut wie auf glatten Straßen und war leicht zu reparieren.

Eine Idee aus Italien
In den 50er Jahren bereitete die zweisitzige Isetta mit ihrer großen, vorn liegenden Tür den Weg für weitere „Kugelautos". Ihre beiden Hinterräder lagen so dicht nebeneinander, daß man den Wagen für ein Dreirad halten konnte. Er war nur wenig größer als ein Fahrrad und paßte in die kleinste Parklücke.

Ein Motorrad mit vier Sitzen
Dreiräder sind leicht zu fahren und billig im Unterhalt. Man braucht für sie nur einen Motorradführerschein. Die britische Firma Reliant baut seit 1935 Dreiräder; dieser Reliant Rialto stammt aus dem Jahre 1982. Heute haben diese Fahrzeuge einen 750 Kubikzentimeter-Motor und eine Karosserie aus Fiberglas mit nur einem Vorderrad. Der Innenraum bietet gerade genug Platz für vier Personen. Die Firma Reliant baut aber auch Sportwagen und die berühmten Londoner Taxis.

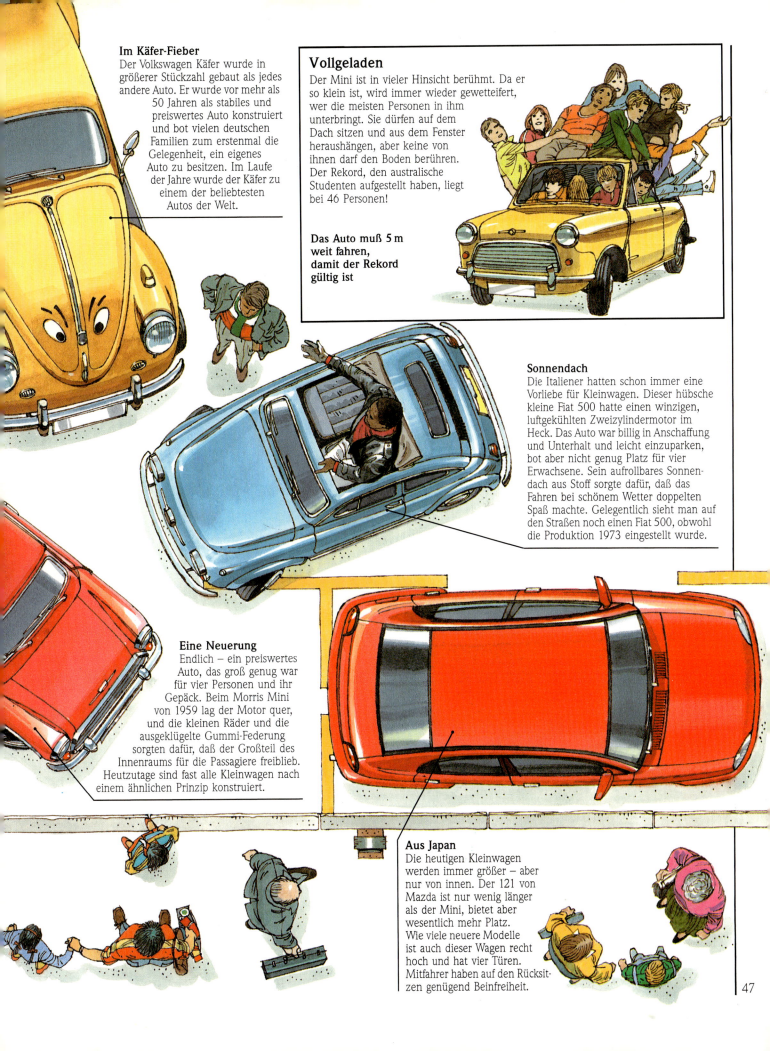

Im Käfer-Fieber
Der Volkswagen Käfer wurde in größerer Stückzahl gebaut als jedes andere Auto. Er wurde vor mehr als 50 Jahren als stabiles und preiswertes Auto konstruiert und bot vielen deutschen Familien zum erstenmal die Gelegenheit, ein eigenes Auto zu besitzen. Im Laufe der Jahre wurde der Käfer zu einem der beliebtesten Autos der Welt.

Vollgeladen
Der Mini ist in vieler Hinsicht berühmt. Da er so klein ist, wird immer wieder gewetteifert, wer die meisten Personen in ihm unterbringt. Sie dürfen auf dem Dach sitzen und aus dem Fenster heraushängen, aber keine von ihnen darf den Boden berühren. Der Rekord, den australische Studenten aufgestellt haben, liegt bei 46 Personen!

Das Auto muß 5 m weit fahren, damit der Rekord gültig ist

Sonnendach
Die Italiener hatten schon immer eine Vorliebe für Kleinwagen. Dieser hübsche kleine Fiat 500 hatte einen winzigen, luftgekühlten Zweizylindermotor im Heck. Das Auto war billig in Anschaffung und Unterhalt und leicht einzuparken, bot aber nicht genug Platz für vier Erwachsene. Sein aufrollbares Sonnendach aus Stoff sorgte dafür, daß das Fahren bei schönem Wetter doppelten Spaß machte. Gelegentlich sieht man auf den Straßen noch einen Fiat 500, obwohl die Produktion 1973 eingestellt wurde.

Eine Neuerung
Endlich – ein preiswertes Auto, das groß genug war für vier Personen und ihr Gepäck. Beim Morris Mini von 1959 lag der Motor quer, und die kleinen Räder und die ausgeklügelte Gummi-Federung sorgten dafür, daß der Großteil des Innenraums für die Passagiere freiblieb. Heutzutage sind fast alle Kleinwagen nach einem ähnlichen Prinzip konstruiert.

Aus Japan
Die heutigen Kleinwagen werden immer größer – aber nur von innen. Der 121 von Mazda ist nur wenig länger als der Mini, bietet aber wesentlich mehr Platz. Wie viele neuere Modelle ist auch dieser Wagen recht hoch und hat vier Türen. Mitfahrer haben auf den Rücksitzen genügend Beinfreiheit.

IM GELÄNDE

Normale Autos können nur auf relativ ebenen Straßen fahren. Wer die befestigten Straßen verläßt, bleibt in der Regel recht schnell stecken. Manche Leute brauchen jedoch Fahrzeuge, die querfeldein fahren können. Landwirte und Feuerwehrleute zum Beispiel brauchen für ihre Arbeit spezielle Geländewagen. Diese Wagen haben viel Bodenfreiheit, um nicht auf Steinen aufzusetzen, und besonders kräftige und grobstollige Reifen, die auch in dickem Staub oder Schlamm nicht durchdrehen. Die meisten dieser Wagen fahren mit Allradantrieb, mit dem sie fast jeden Untergrund bewältigen können. Kraftvolle Motoren und Spezialgetriebe helfen ihnen, Steigungen zu überwinden, und gefährdete Fahrzeugteile wie etwa der Auspuff sind so angebracht, daß sie keinen Schaden nehmen. In Ländern mit schlechten Straßen sind die Menschen auf solche Fahrzeuge angewiesen. Der erste leichte Geländewagen mit Allradantrieb war der Jeep, der im Zweiten Weltkrieg (1939–45) für die amerikanische Armee gebaut wurde.

Geländegängig

Ob es nun darum geht, Tiere aufzuspüren, Rennen über Sanddünen zu fahren oder verschneite Bergstraßen zu bewältigen – Geländewagen können all dies und noch vieles mehr. Manche werden nur zum Vergnügen benutzt, zum Beispiel für Campingtouren abseits der Straßen, doch mit anderen werden Leben gerettet. Bei starkem Schneefall zum Beispiel kann ein Arzt oft nur mit dem Geländewagen einen Kranken erreichen.

Weltbekanntes Arbeitspferd

Die britischen Land-Rover werden als Transporter, Zugmaschinen und Rettungswagen eingesetzt. Sie können problemlos durch bis zu 1,20 m tiefes Wasser fahren. Dieser Safariwagen bietet bis zu 12 Personen Platz. Das Dach läßt sich öffnen, so daß die Mitfahrer die Tiere auf der afrikanischen Savanne beobachten können.

Der Jeep

Obwohl Karosserie und Motor heute anders sind, ist der Jeep im Prinzip noch dasselbe Auto wie vor 50 Jahren. Heck und Frontpartie sind kurz gehalten, damit der Wagen Steigungen leichter bewältigen kann. Der für den Kriegseinsatz entworfene Jeep ist heute ein beliebtes Freizeitauto.

Der Überrollbügel schützt die Insassen, falls der Wagen sich überschlagen sollte

Rennen in der Wüste
Buggies sind Rennwagen für Sand- und Schlammstrecken. Sie sind Einsitzer und haben ein einfaches, leichtes Fahrgestell aus Stahl und einen hinten liegenden Motor (gewöhnlich den eines VW Käfer, manchmal aber auch den wesentlich stärkeren Motor eines Porsche). Angetrieben werden nur die Hinterräder, deren Reifen besonders breit sind. Der Bug des Wagens ist so leicht, daß schmale Reifen vollkommen genügen.

Die Überrollbügel sind Teil des Fahrgestells

Vorn braucht der Buggy stabile Stoßdämpfer, um bei hoher Geschwindigkeit und unebener Strecke harte Schläge abzufangen

Schmale Vorderreifen

Breite, grobstollige Hinterreifen

Allradantrieb
Bei Fahrzeugen mit Allradantrieb wird der Antrieb hinter dem Schaltgetriebe auf Vorder- und Hinterachse verteilt. Diese Aufgabe erledigt ein Differentialgetriebe (Seite 31). Die Antriebswelle für die Vorderräder liegt längs neben dem Motor und wird von einem Verteilergetriebe angetrieben. Vordere und hintere Antriebswelle treiben ihre Achsen wie bei normalen Autos über Differentialgetriebe an.

Antriebswelle für die Vorderräder

Antriebswelle für die Hinterräder

Schaltgetriebe

Hinteres Differentialgetriebe

Verteilergetriebe und mittleres Differentialgetriebe

Vorderes Differentialgetriebe

Mehrzweckauto
Die frühen Geländewagen waren einfach und zweckmäßig, doch heute ähneln einige von ihnen Luxuswagen. Dieser Geländewagen von Mercedes fährt nicht nur ausgezeichnet im Gelände, sondern ist auch auf ebenen Straßen ein schnelles und bequemes Auto.

FORMEL-EINS-RENNEN

Autorennen gehören zu den aufregendsten und beliebtesten Sportereignissen der Welt. Vor den Bildschirmen sitzen unzählige Menschen und schauen zu, wie ihre Helden in atemberaubendem Tempo – um 320 km/h – um die Ehre kämpfen, ein Formel-Eins-Rennen zu gewinnen, also ein Rennen der höchsten Klasse. Einen Formel-Eins-Rennwagen zu bauen und zu unterhalten verschlingt Millionen. Deshalb lassen sich die Mannschaften von großen internationalen Firmen sponsern, das heißt, die Firmen bezahlen gewaltige Summen, um sich Werbeflächen auf den Wagen zu sichern. Zwischen den Mannschaften besteht eine starke Rivalität, und jede von ihnen ist ständig bemüht, den eigenen Wagen zu verbessern, um im Rennen einen kleinen Vorteil vor den Konkurrenten zu haben. Die Rennen belasten die Fahrzeuge sehr – vor allem die Motoren, die nach jedem Rennen praktisch neu gebaut werden müssen.

Boxenstopp beim Grand Prix
Während die Konkurrenten noch um die Bahn jagen, fahren ein Williams-Honda und ein Ferrari an die Boxen. Sofort stürzen die Mechaniker mit Wagenhebern und Elektroschraubern heran, um die Reifen zu wechseln. Das muß in Sekundenschnelle geschehen, damit ihr Wagen nicht zurückfällt.

Fliegender Wechsel
Wenn dieser Ferrarifahrer merkt, daß seine Reifen abgenutzt sind, informiert er über Funk die Mechaniker an seiner Box, damit sie alle Vorbereitungen treffen. Sie bocken den Wagen auf, lösen die Radmuttern, wechseln die Räder aus und ziehen die Muttern wieder an.

Das erste Rennen
Die erste Autorennbahn der Welt wurde 1907 im britischen Brooklands gebaut, denn in England waren Rennen auf öffentlichen Straßen verboten, im Gegensatz zu anderen Ländern, in denen Rennen auf abgesperrten Straßen stattfanden. In Brooklands konnten die Wagen auf der seitlich ansteigenden Betonpiste sehr hohe Geschwindigkeiten erreichen. Der schnellste Wagen, der je diese Strecke befuhr, wurde von einem Flugzeugtriebwerk angetrieben und erreichte 237 km/h. Die Bahn wurde 1939 geschlossen, doch ein Teil der Piste blieb zur Erinnerung stehen.

Schnelle Autos fuhren oben in der Kurve, während die langsameren weiter unten blieben

Anschieben verboten
Den Regeln zufolge müssen sich die Wagen aus eigener Kraft bewegen. Anschieben dürfen die Mechaniker den Wagen nur bei Testfahrten. Wenn der Motor eines Wagens während eines Rennens versagt, muß der Fahrer ihn wieder starten, oder er scheidet aus. Wenn ein Wagen von der Bahn abkommt und steckenbleibt, ist ebenfalls keine fremde Hilfe erlaubt.

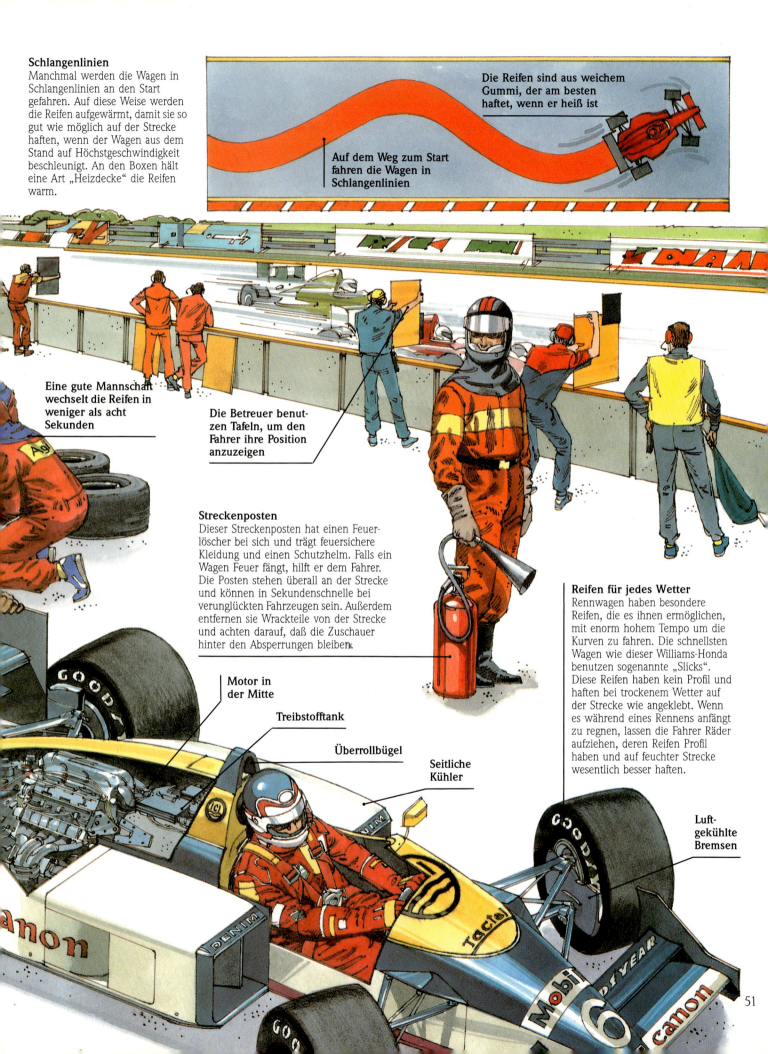

Schlangenlinien
Manchmal werden die Wagen in Schlangenlinien an den Start gefahren. Auf diese Weise werden die Reifen aufgewärmt, damit sie so gut wie möglich auf der Strecke haften, wenn der Wagen aus dem Stand auf Höchstgeschwindigkeit beschleunigt. An den Boxen hält eine Art „Heizdecke" die Reifen warm.

Die Reifen sind aus weichem Gummi, der am besten haftet, wenn er heiß ist

Auf dem Weg zum Start fahren die Wagen in Schlangenlinien

Eine gute Mannschaft wechselt die Reifen in weniger als acht Sekunden

Die Betreuer benutzen Tafeln, um den Fahrer ihre Position anzuzeigen

Streckenposten
Dieser Streckenposten hat einen Feuerlöscher bei sich und trägt feuersichere Kleidung und einen Schutzhelm. Falls ein Wagen Feuer fängt, hilft er dem Fahrer. Die Posten stehen überall an der Strecke und können in Sekundenschnelle bei verunglückten Fahrzeugen sein. Außerdem entfernen sie Wrackteile von der Strecke und achten darauf, daß die Zuschauer hinter den Absperrungen bleiben.

Motor in der Mitte

Treibstofftank

Überrollbügel

Seitliche Kühler

Reifen für jedes Wetter
Rennwagen haben besondere Reifen, die es ihnen ermöglichen, mit enorm hohem Tempo um die Kurven zu fahren. Die schnellsten Wagen wie dieser Williams-Honda benutzen sogenannte „Slicks". Diese Reifen haben kein Profil und haften bei trockenem Wetter auf der Strecke wie angeklebt. Wenn es während eines Rennens anfängt zu regnen, lassen die Fahrer Räder aufziehen, deren Reifen Profil haben und auf feuchter Strecke wesentlich besser haften.

Luftgekühlte Bremsen

Sieger und Verlierer
Nach einem harten, zweistündigen Rennen überquert der Sieger die Ziellinie. Der Fahrer ist erschöpft und verschwitzt, doch das macht ihm nichts aus, denn er ist nun berühmt und kann eine beträchtliche Siegprämie kassieren. Hinter ihm jedoch hat sich ein Unfall ereignet. Zwei Wagen sind zusammengestoßen, und einer davon hat sich überschlagen. Doch der Fahrer löst seine Gurte und steigt unverletzt aus. Ein Kran wird den Wagen von der Strecke heben.

Schrecken im Endspurt
Bei Unfällen kommt es nur selten zu schweren Verletzungen. Spezielle Sicherheitsgurte verhindern, daß der Fahrer aus dem Wagen geschleudert wird, und der Überollbügel schützt ihn, wenn sich der Wagen überschlägt. Eingebaute Feuerlöscher und ein feuerfester Overall bewahren ihn vor Verbrennungen.

Umgedrehte Tragflächen
Die schnellsten Rennwagen haben Spoiler an Bug und Heck. Sie wirken wie auf dem Kopf stehende Tragflächen eines Flugzeugs und sorgen dafür, daß die über den Wagen strömende Luft ihn nach unten auf die Strecke drückt.

Heckspoiler

Klassische Strecken
Zwei der berühmtesten Rennstrecken haben eine lange Geschichte. Die Strecke von Indianapolis in den USA wurde 1909 gebaut. Anfangs war sie mit Ziegelsteinen gepflastert und wird deshalb noch heute „die Ziegelei" genannt. 1911 fand hier das erste Rennen über 500 Meilen (805 km), das „Indy 500", statt. Das erste Grand-Prix-Rennen von Monaco wurde 1927 ausgetragen. Jedes Jahr im Mai wird das Zentrum dieser schönen Stadt am Mittelmeer abgeriegelt, um eine Rennstrecke zu schaffen, die an Geschäften, Häusern und Hotels vorüberführt.

Sicherheitsvorkehrungen
Alle Rennstrecken haben stabile Beton- oder Metalleinfassungen, die kein Wagen durchbrechen kann. Gewöhnlich wird ein Wagen, der von der Strecke abkommt, erst auf einem Kiesstreifen abgebremst, bevor er auf die Begrenzungsmauer aufprallt. Ein hoher Zaun schützt die Zuschauer bei einem Unfall vor herumfliegenden Wrackteilen.

Indianapolis

Der „Indy 500" ist eines der ältesten Rennen und wird noch heute gefahren

Das Rennen führt am Hafen vorbei, so daß die Reichen von ihren Jachten aus zusehen

Monaco

In Monaco wird noch eine der wenigen Straßenstrecken gefahren

In den vier gleichmäßig überhöhten Kurven fahren die Autos um 320 km/h schnell

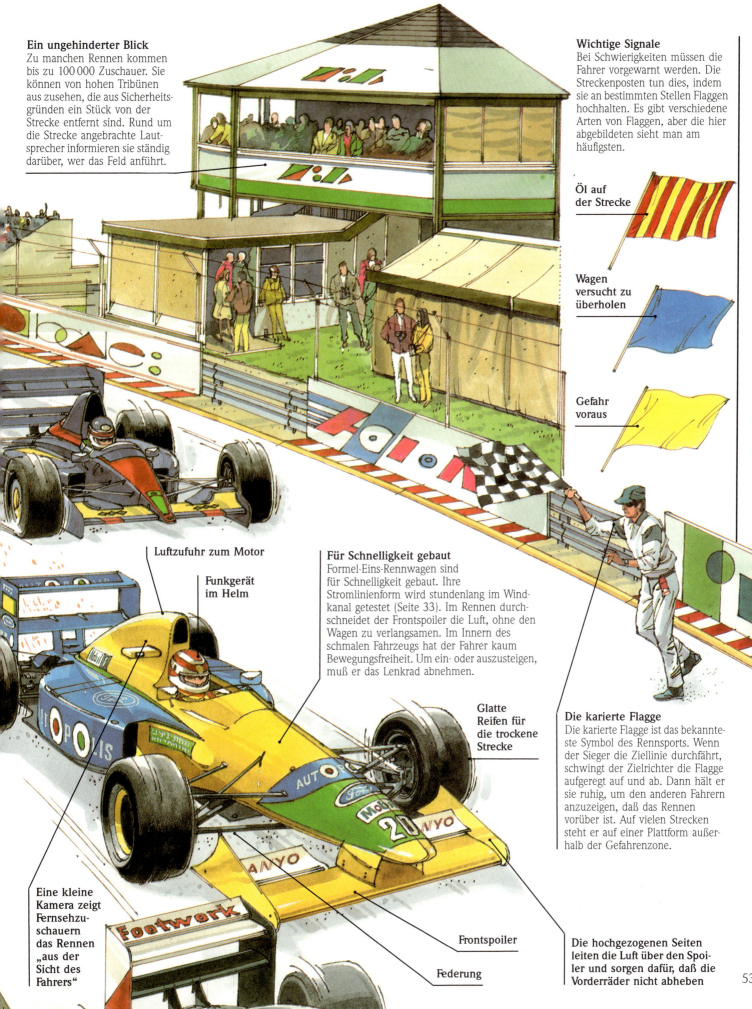

AUTOS IM FILM

Schon seit die ersten Filme gedreht wurden, spielten Autos in ihnen mit. Filmproduzenten haben sich die verrücktesten Szenen mit Autos einfallen lassen, von den lustigen Pannen von Laurel und Hardy bis hin zu den spannenden Action-Szenen in den James-Bond-Filmen. Ferngesteuerte Zünder lösen eine Explosion aus oder lassen einen Reifen platzen. Benzinbomben sorgen dafür, daß ein von einer Klippe gestürztes Auto explodiert. Manche Autos fahren auch „von allein", doch in ihnen hat sich ein Fahrer versteckt. Bevor Action-Szenen gedreht werden, wird der genaue Ablauf von den Fachleuten für Spezialeffekte und den Stuntfahrern vorausgeplant. Wenn die Kameras dann aber laufen, hängt es immer vom Geschick des Fahrers ab, ob eine Aufnahme gelingt. Die Männer, die solche Stunts ausführen, sind daran gewöhnt, Autos zu Schrott zu fahren, und wissen, was bei den Zuschauern am besten ankommt. Sie tragen Schutzkleidung, spezielle Sicherheitsgurte und einen Schutzhelm. Ungefährlich ist ihr Beruf jedoch nicht, was die meisten Stuntmen mit ihren Narben beweisen können.

Aufregende Szenen

In modernen Actionfilmen sieht man oft viele spannende Szenen, in denen Autos zusammenstoßen, durch die Luft fliegen, explodieren oder von Klippen stürzen. Im Film dauern diese Szenen nur Sekunden oder bestenfalls Minuten, doch es dauert Tage, sie zu drehen. Im Studio gedrehte Szenen können so oft wiederholt werden, bis sie perfekt sind, doch die Action-Szenen müssen schon beim ersten Versuch gelingen.

Hohe Sprünge

Sprünge mit Autos sind immer etwas Aufregendes. Mit einer großen Rampe kann man Autos über Straßen, Bahnlinien und sogar Flüsse springen lassen. Die Experten können ausrechnen, wo der Wagen landen wird, wenn die Höhe der Rampe und die Geschwindigkeit des Autos bekannt sind. Manchmal wird die Federung verstärkt, damit das Auto nach der Landung weiterfahren kann. In den meisten Fällen aber überstehen die Wagen die Landung nicht und werden von Helfern abtransportiert. Dann wird ein ähnlicher Wagen an dieselbe Stelle gesetzt, und die Kameras filmen, wie dieser davonfährt; der Film wird dann so geschnitten, daß es aussieht wie ein flüssiger Sprung. Damit das Auto sich überschlägt, fährt der Stuntfahrer es auf eine schräge Rampe (1). Wenn der Wagen die Rampe erreicht hat, beginnt er, sich zu überschlagen (2). Er dreht sich in der Luft und landet auf dem Dach (3).

Peng!
Ein Porsche trifft auf einige Ölfässer und explodiert – vor laufender Kamera. Ein Sprengstoffexperte löst die Explosion über eine Fernsteuerung genau in dem Augenblick aus, in dem das Auto auf die Fässer auffährt. Trotz des hellen Feuerscheins ist es aber nur eine kleine Explosion.

In diesem Mercedes verhindert ein starker Überrollkäfig, daß sich der Innenraum zusammendrückt

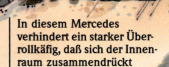

Drinnen oder draußen?
Im Studio herrscht immer schönes Wetter, deshalb werden viele Autoszenen im Studio gedreht. Die Schauspieler sitzen in einem Wagen ohne Räder vor einem blauen Hintergrund. Ein elektrisches Gebläse läßt ihre Haare im Wind wehen. Ein spezieller beweglicher Aufbau unter dem Wagen läßt diesen Maserati schaukeln wie bei einer echten Fahrt. Nach den Dreharbeiten wird ein zweiter Film von einer Straße auf den Hintergrund überspielt. Er erscheint nur auf dem blauen Hintergrund, nicht aber auf dem Wagen oder den Schauspielern.

Die beiden Filme werden auf dem Bildschirm zusammengefügt

Harmlose Flammen
Obwohl dieses Auto in hellen Flammen steht, kann es das Feuer doch unbeschadet überstehen und hinterher für dieselbe Szene noch einmal verwendet werden. Der Wagen ist mit einem speziellen Feuer-Gel bestrichen, das ein brennbares Gas absondert. Die Flammen versengen zwar den Lack des Wagens, setzen aber nicht das ganze Auto in Brand.

Eine Attrappe stürzt ab
Dieser Lamborghini stürzt gleich ins Tal hinunter und zerschellt. Zuvor wurde der Wagen aus der Luft beschossen. Vor solchen Stunts werden oft wertvolle Teile wie zum Beispiel der Motor ausgebaut. Manchmal wird auch eine Attrappe aus Kunststoff verwendet, auf die Kugellöcher aufgemalt sind.

Während der Fahrt
Für Aufnahmen während der Fahrt wird eine Kamera auf einem stabilen Gestell montiert, das die Schauspieler – in diesem Fall beim Kampf auf der Haube eines Aston Martin – filmt. Mikrofone im Wagen nehmen auf, was sie sagen. Sie können mit dem Auto – langsam – dorthin fahren, wo sie hinwollen, und es sind keine speziellen Hintergrundeffekte erforderlich.

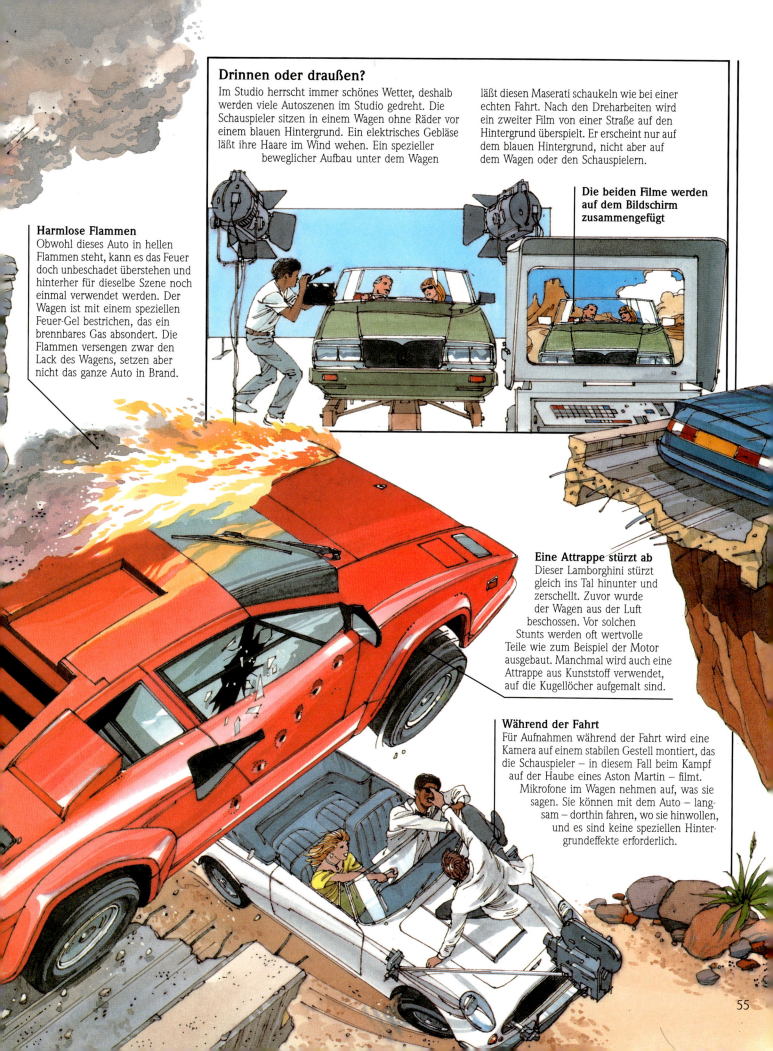

AUTO-REKORDE

Seit der erste Benz die Straßen entlangtuckerte, haben alle Autohersteller immer wieder versucht, ein schnelleres Auto zu bauen als die Konkurrenz. Der erste Geschwindigkeitsrekord für ein Auto stammt aus dem Jahr 1898, als der französische Graf Chasseloup-Laubat mit seinem elektrischen *Jeantaud*-Wagen eine Geschwindigkeit von 63,14 km/h erreichte. Zuerst benutzten die Fahrer für ihre Rekordversuche normale Straßen oder Rennstrecken, dann flache Strände. Heute werden Rekordfahrten auf Salzseen oder in Wüsten gefahren; der Untergrund muß völlig eben sein, da selbst kleine Unebenheiten den Wagen aus der Bahn werfen können. Die schnurgerade Rennstrecke muß 21,6 Kilometer lang sein: 10 Kilometer zum Beschleunigen, gefolgt von 1,6 Kilometern, auf denen die Geschwindigkeit gemessen wird, und dann 10 Kilometer zum Abbremsen. Die Meßstrecke muß in beiden Richtungen durchfahren werden, um eine mögliche Hilfe des Windes auszuschließen. Die Rückfahrt muß innerhalb einer Stunde angetreten werden.

Im Tiefflug über die Strecke
Rekordfahrzeuge sind immer auffallend geformt. Die meisten von ihnen werden mit Kolben- oder Düsentriebwerken angetrieben. Ihre Stromlinienform verringert den Windwiderstand, und die Hecktragflächen, die an Jagdflugzeuge erinnern, helfen dem Fahrer, das Fahrzeug auf gerader Linie zu halten. Die meisten dieser Wagen fahren in ihrem ganzen Leben nur wenige Kilometer.

Ein Bremsfallschirm springt heraus, um den Wagen nach dem Rekordversuch abzubremsen

Ein Torpedo auf Rädern
Camille Jenatzy benutzte für seine aufsehenerregende Rekordfahrt in Belgien im Jahre 1899 ein Elektroauto. *La Jamais Contente* brachte es auf 105,9 km/h und wurde damit zum schnellsten Auto der Welt. Der Erfinder gab der Karosserie die Stromlinienform eines Torpedos. Allerdings kam er nicht auf die Idee, sich selbst und die Räder des Fahrzeugs vor dem Wind zu verstecken.

Ein voller Erfolg
1927 stellte der britische Major Henry Segrave in einem Wagen mit zwei *Sunbeam*-Flugzeugmotoren einen neuen Rekord auf. Die beiden Motoren lagen vor und hinter dem Fahrer und waren durch ein Getriebe miteinander verbunden; die Hinterräder wurden von Ketten angetrieben. Dieser Wagen erreichte eine Geschwindigkeit von 327,98 km/h. Segraves Rekordversuch am Strand von Daytona im amerikanischen Bundesstaat Florida war der erste von vielen Versuchen, die dort unternommen wurden.

Golden Arrow
1929 brach Henry Segrave am Strand von Daytona mit dem von einem Flugzeugmotor getriebenen *Golden Arrow* mit 372,39 km/h seinen eigenen Rekord.

Bluebird
Den Namen *Bluebird* trugen mehrere von der Familie Campbell gebaute Wagen. Sir Malcolm Campbell hielt den Rekord neunmal, bis sein Sohn Donald einen neuen aufstellte. Sein Wagen, der letzte *Bluebird*, wurde 1960 gebaut. Ein starkes Düsentriebwerk trieb alle vier Räder an und ermöglichte es Donald Campbell, 1964 mit 648,28 km/h auf dem Eyresee in Australien einen neuen Rekord aufzustellen.

Raketenantrieb
Von 1964 bis 1983 wurde der Geschwindigkeitsrekord ausschließlich von Amerikanern gehalten. Einer von ihnen war Gary Gabelich mit *The Blue Flame*. Dieses raketengetriebene Geschoß hat vier Räder, wie es die internationalen Regeln inzwischen vorschreiben. Die Vorderräder liegen dicht nebeneinander. Auf den Bonneville Salt Flats im amerikanischen Bundesstaat Utah erreichte Gabelich 1970 eine Durchschnittsgeschwindigkeit von 1001,45 km/h.

Ohne Reifen
1983 stellte Richard Noble mit *Thrust 2* einen neuen Rekord auf. Ein Düsentriebwerk ließ das 8,2 Meter lange Gefährt mit einer Geschwindigkeit von 1019,25 km/h über die Black-Rock-Wüste in Nevada, USA, schießen. Es war das erste Rekordfahrzeug ohne Reifen. Luftgefüllte Reifen sind solch extremen Geschwindigkeiten nicht gewachsen; deshalb fuhr *Thrust 2* auf massiven Aluminiumrädern, die über den Wüstensand glitten.

EIN WELTWEITES VERKEHRSCHAOS

Nur wenige Erfindungen haben stärkere Auswirkungen auf das Leben der Menschen gehabt als die Erfindung des Autos. Es bietet uns zwar die Möglichkeit, zu jeder Zeit an jeden Ort zu reisen, stellt uns aber auch vor schwerwiegende, auf der ganzen Welt bestehende Probleme. Überall kommt es zu endlosen, zeitraubenden Staus. Millionen von Menschen werden jedes Jahr bei Verkehrsunfällen verletzt oder getötet. Die Abgase der Autos sind mitverantwortlich für Umweltprobleme wie den sauren Regen und den „Treibhauseffekt" – die Erwärmung der Erdatmosphäre. Eine Lösung der Verkehrsprobleme besteht in der verstärkten Benutzung öffentlicher Verkehrsmittel. Um die Umwelt zu schützen, bedarf es „sauberer" Autos, die sich wiederverwerten lassen, weniger Treibstoff verbrauchen und durch alternative Energien angetrieben werden, zum Beispiel durch Batterien oder Sonnenenergie.

Probleme und ihre Lösungen
Aus der Luft sieht man endlose Autoschlangen vor der Stadt, die die Straßen verstopfen, Abgase ausstoßen und Lärm machen. Viele Autofahrer sind bereits gereizt oder erschöpft, wenn sie ihren Arbeitsplatz erreicht haben. Unter der Überführung sieht man Autos und Busse im normalen Tempo fahren, und Radfahrer auf eigenen Wegen. Eine ausgewogene Kombination von verschiedenen Methoden des Transports kann dazu beitragen, die Straßen freizuhalten und die Umweltverschmutzung zu verringern.

Wolken über der Stadt
Wenn das Sonnenlicht mit den Autoabgasen reagiert, wird die Luft in Großstädten dick und neblig. Dieser „Smog" dauert manchmal tagelang an, hält das Sonnenlicht ab und macht das Atmen schwer.

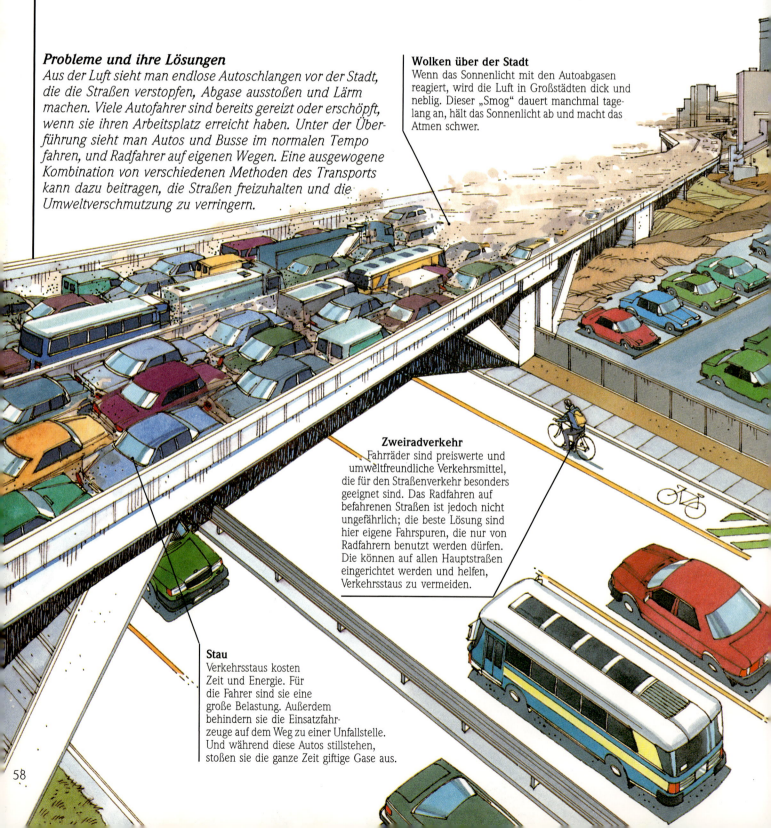

Zweiradverkehr
Fahrräder sind preiswerte und umweltfreundliche Verkehrsmittel, die für den Straßenverkehr besonders geeignet sind. Das Radfahren auf befahrenen Straßen ist jedoch nicht ungefährlich; die beste Lösung sind hier eigene Fahrspuren, die nur von Radfahrern benutzt werden dürfen. Die können auf allen Hauptstraßen eingerichtet werden und helfen, Verkehrsstaus zu vermeiden.

Stau
Verkehrsstaus kosten Zeit und Energie. Für die Fahrer sind sie eine große Belastung. Außerdem behindern sie die Einsatzfahrzeuge auf dem Weg zu einer Unfallstelle. Und während diese Autos stillstehen, stoßen sie die ganze Zeit giftige Gase aus.

Park and Ride

Alle Innenstädte sind mit parkenden Autos fast völlig verstopft. Auch mehrstöckige Parkhäuser können nur einen Bruchteil des Parkplatzbedarfs decken. Deshalb gibt es in vielen Städten mittlerweile ein „Park and Ride"-System. Die Leute parken ihre Wagen auf riesigen Parkplätzen am Stadtrand und fahren dann mit Bussen und Bahnen ins Zentrum.

Waldsterben

Giftige Gase aus Autos und Fabriken verschmutzen die Atmosphäre. Wenn es regnet, kann sich das Regenwasser mit den Gasen verbinden, und es fällt „saurer Regen". Er vergiftet das Wasser von Binnenseen und Flüssen und läßt die Fische sterben. Der saure Regen schädigt auch die Bäume. Wenn die Wälder sterben, haben auch die in ihnen lebenden Tiere keine Chance mehr.

Fahrgemeinschaften

In vielen Autos sitzt nur eine Person. Wenn mehr Menschen ihre Kollegen zur Arbeitsstelle mitnähmen, würde sich die Zahl der Autos auf den Straßen deutlich verringern. In manchen Städten gibt es bereits Fahrspuren und Parkplätze, die nur von Wagen mit mindestens zwei Insassen benutzt werden dürfen.

Katalysatoren

Heute sind fast alle in Europa und Nordamerika verkauften Neuwagen mit einem Katalysator oder „Kat" ausgerüstet. Er reinigt einige der giftigen Gase, die aus dem Auspuff kommen. Wenn die Abgase durch den Katalysator strömen, verwandeln Chemikalien in seinem Innern viele dieser Gase in weniger gefährliche Substanzen. Das Kohlendioxid wird jedoch nicht unschädlich gemacht. Autos mit „Kat" verbrauchen sogar mehr Treibstoff und erzeugen deshalb auch mehr Kohlendioxid. Um wirklich umweltfreundlich zu sein, müssen also Autos gebaut werden, die den Kraftstoff besser ausnutzen.

Autos mit Katalysator fahren nur mit bleifreiem Benzin – jegliches Blei im Kraftstoff „vergiftet" den Katalysator und zerstört ihn

Ein Schalldämpfer gegen den Lärm

Katalysatoren wirken am besten, wenn sie dicht hinter dem Motor liegen

Busfahren ist besser

Ein vollbesetzter Bus verbraucht viel weniger Treibstoff als die Privatwagen aller Fahrgäste zusammen. Wenn die Menschen ihre Autos stehenlassen sollen, muß ihnen eine verläßliche und preiswerte Alternative geboten werden. In vielen Städten gibt es Extra-Fahrspuren für Busse, damit diese an den Staus vorbeifahren können.

Neue Wege
In einer Fußgängerzone können die Menschen in Ruhe ihre Einkäufe erledigen, und Kinder können gefahrlos spielen. Nach Hause oder zu ihrem am Stadtrand geparkten Wagen fahren die Leute mit der Straßenbahn. Wenn ein vielfältiges Angebot an öffentlichen Verkehrsmitteln zur Verfügung steht, werden die Menschen ihre Autos vielleicht nur noch für lange Fahrten oder zum Transport von Waren benutzen.

Nur für Fußgänger
Jahrelang wurden die Innenstädte von Autos beherrscht. Es war gefährlich, eine Straße zu überqueren, und die Menschen hatten unter Lärm und Abgasen zu leiden. In vielen Städten sind heute ganze Straßen oder Plätze ausschließlich für Fußgänger reserviert, und in diesen Fußgängerzonen können die Menschen gefahrlos einkaufen gehen. Die einzigen Autos, denen die Zufahrt erlaubt ist, sind Lieferfahrzeuge.

Sauberer und sicherer
Der saure Regen richtet in den Städten ungeheure Schäden an. Er frißt an Stein und Metall, beschädigt alte Bauwerke und schwächt Brücken. Eine Verringerung der Luftbelastung hätte zur Folge, daß die Gebäude besser aussehen und länge halten.

Mit der Bahn ins Zentrum
Straßenbahnen, die direkt ins Stadtzentrum fahren, stellen eine sinnvolle Lösung der Verkehrsprobleme dar. In manchen Städten wie etwa San Francisco fahren noch heute die alten Bahnen, doch andere, so zum Beispiel Manchester in England, haben ein völlig neues Straßenbahnnetz eingerichtet.

Pläne für die Wiederverwertung
Der Zusammenbau eines Autos verschlingt Unmengen von Energie und Material und erzeugt gewaltige Mengen Abfall. Wenn jedes Auto länger halten würde, wären nicht so viele Neuwagen nötig. Manche Autos werden inzwischen so gebaut, daß viele ihrer Einzelteile wiederverwertet werden können, anstatt auf den Schrotthaufen zu wandern. Auf diese Weise kann beim Bau von Neuwagen Material eingespart werden. In Auto-Zerlegungszentren werden Stahl, Glas, Aluminium, Platin aus dem Katalysator und Blei aus der Batterie wiederverwertet.

- Die Schaumstoffpolsterung aus den Sitzen kann wiederverwendet werden
- Die Bleche werden aufgearbeitet und neu geformt
- Aus dem Glas der Scheinwerfer können Flaschen hergestellt werden
- Plastikstoßstangen können zermahlen und zu Teilen der Innenausstattung umgeformt werden

Sauber und kostenlos

Die Sonnenenergie ist die einzige wirklich umweltfreundliche Energie. Fotoelektrische Zellen können das Sonnenlicht in elektrischen Strom umwandeln, aber man würde sehr viele von ihnen brauchen, um dieselbe Leistung zu erreichen, die ein Benzinmotor bietet. Die bisher erprobten „Solarautos" sind noch nicht sehr leistungsfähig – doch die Entwicklung schreitet rasch voran.

Reihen von fotoelektrischen Zellen laden die Batterie auf für Tage, an denen der Himmel bedeckt ist

Die superleichte, tiefliegende Karosserie ermöglicht eine maximale Ausnutzung der Energie

Eisenbahnen
Eisenbahnen können große Mengen an Gütern und Passagieren schnell befördern. Der Gütertransport mit der Bahn ist entschieden wirtschaftlicher als die Beförderung durch Lastwagen. Wenn mehr Güter mit der Bahn transportiert würden, nähme die Zahl der Lastwagen auf den Straßen ab.

Gerettete Landschaft
Jedes Jahr werden Tausende Hektar unberührter Landschaft zerstört, um Platz zu schaffen für Autobahnen, Landstraßen und Ringstraßen, die den Verkehr um die Großstädte herumführen. Wenn das Verkehrsaufkommen verringert werden könnte, würden nicht so viele neue Straßen gebraucht und schöne Landschaften und die Lebensräume vieler Tiere blieben erhalten.

Schnurr-Mobil
Dieser kompakte, batteriebetriebene BMW E1 kann zwei Personen mit einer Höchstgeschwindigkeit von 120 km/h befördern. Elektroautos stoßen keine Abgase aus, können mit der Geschwindigkeit von normalen Autos aber noch nicht konkurrieren. Sie müssen schwere Akkus mitführen, die in regelmäßigen Abständen neu aufgeladen werden müssen.

DIE AUTOS DER ZUKUNFT

Wie werden die Autos in 30 Jahren aussehen? Wegen der ständig wachsenden Umweltprobleme konzentrieren sich die Autohersteller schon heute auf den Bau von Autos, die weniger Energie verbrauchen, länger halten und nach Gebrauch wiederverwertet werden können. Die Wissenschaftler arbeiten an leistungsfähigeren Batterien und an Motoren, die nicht länger mit Benzin betrieben werden, sondern mit Wasserstoff, Gas oder Alkohol. Auf den großen Autoausstellungen enthüllen die Hersteller jedes Jahr feierlich ihre neuesten „Versuchsmodelle" – Autos, in die die neusten Technologien eingebaut wurden. Diese Einzelstücke sind die teuersten Autos der Welt. Ein solches Fahrzeug zu erschaffen dauert Jahre. Sie sehen nicht nur ungewöhnlich aus, manche von ihnen können sogar „denken". Computer kontrollieren die Steuerung der Hinterräder, den Allradantrieb, das Navigationssystem und das Radar. Manche der Ideen und Einrichtungen sind vielleicht schon im darauffolgenden Jahr in den Familienautos zu finden, während andere noch weiterentwikkelt werden müssen, bevor sie serienreif sind.

Der Blick nach vorn
Sieht so die Zukunft aus? Derartige Versuchsmodelle mit einem Cockpit wie in einem Flugzeug, den elektronischen Bedienungsknöpfen und der auffälligen, leuchtend bunt lackierten Karosserie vermitteln uns einen Eindruck davon, wie die Autos der Zukunft aussehen könnten. Nur wenige dieser Autos werden je für den Verkauf gebaut, doch sie zeigen uns eindrucksvoll, woran in den Designerstudios gearbeitet wird.

Laserkontrolle
Viele Unfälle passieren, weil Autofahrer zu dicht auffahren. Die Autos von morgen könnten mit Laser- oder Radar-Abstandsmeßgeräten ausgerüstet sein, die die Entfernung zum vorausfahrenden Fahrzeug messen. Wenn der Abstand zu gering ist, leuchtet ein Warnsignal auf. Wenn es vom Fahrer mißachtet wird, wird der Wagen automatisch abgebremst, entweder durch die Wegnahme von Gas oder mit Hilfe der Bremsen.

Auf Daumendruck
Elektronische Kontrollvorrichtungen, Schalthebel und Servolenkung werden die Innenausstattung zukünftiger Wagen deutlich anders aussehen lassen. Druckknöpfe auf dieser Steuereinheit kontrollieren Beleuchtung, Blinker, Schaltung, das Navigationssystem und ein Telefon. Sie werden mit dem Daumen bedient, damit der Fahrer immer beide Hände am „Lenkrad" haben kann.

Einparken auf Knopfdruck

Während der Fahrer vom Bordstein aus zusieht, steuert der Computer das Auto in die Parklücke

So könnte das Problem des Einparkens in enge Lücken gelöst werden. Dieses Versuchsfahrzeug parkt sich selbst automatisch ein. Seine Laser- und Schallsensoren messen den verfügbaren Raum. Alles weitere übernimmt der Computer, der Gaspedal, Bremsen, Automatikgetriebe und die elektrische Vierradsteuerung bedient. Der Computer denkt sogar daran, die Handbremse anzuziehen!

Ein wasserfester Freizeitspaß
Der Mitsubishi RVR wurde als Auto für Wochenendfahrten entwickelt. Er hat kein Dach, keine Fensterscheiben und keine richtigen Türen. Die Innenausstattung ist vollkommen wasserfest, auch die Instrumente. Statt eines Innenspiegels hat der Wagen eine Videokamera mit einem auf dem Armaturenbrett angebrachten Bildschirm.

Eine deutsche Erfindung
Der Volkswagen Chico hat zwei Antriebseinheiten. Bei langsamer Geschwindigkeit fährt er mit Batterien. Wenn er beschleunigen und schneller fahren soll als 60 km/h, schaltet sich der Zweizylinder-Benzinmotor ein. Der Benzinmotor dient außerdem dazu, die Batterien wieder aufzuladen.

Eleganz aus Frankreich
Der elegante Renault Laguna hat eine Karosserie aus Kohlenstoffasern und einen Turbomotor, der Geschwindigkeiten bis zu 250 km/h ermöglicht. Statt einer Motorhaube hat der Wagen eine Glasabdeckung, die sich über die Fahrerkabine schiebt, sobald das Auto geparkt wird.

Schluß mit den Straßenkarten
Automatische Navigationssysteme werden den Autofahrern schon bald helfen, sich zurechtzufinden. Eine auf der CD aufgezeichnete Straßenkarte wird auf einem kleinen Bildschirm gezeigt. Sender am Straßenrand „sagen" dem Auto, wo es gerade ist, und der eingebaute Computer gibt dem Fahrer seine Anweisungen. Auf dem Bildschirm wird auch vor auf der Strecke liegenden Verkehrsproblemen gewarnt.

Neu und aufregend
Das Cockpit dieses Versuchsmodells sieht aus, als stammte es aus einem Sciencefiction-Film. Statt des gewohnten Armaturenbretts sind in die gebogene Kunststoffkonsole verschiedene Kontrollvorrichtungen und Bildschirme eingearbeitet. Die bunten Computergrafiken ermöglichen es dem Fahrer, alle wichtigen Systeme seines Wagens mit einem Blick zu überprüfen.

REGISTER

Abgase, 11, 30, 58, 59
Aerodynamik, 32
Alfa Romeo 1750 Gran Sport, 26
Allradantrieb, 44, 48
Amphibienfahrzeug, 40, 41
Anlasserkurbel, 38
Austin-Healey, 27
Austin Seven, 46
Autofabriken, 8–9
Autofähren, 37
Autorennen, 50–53
Auto-Verkaufsplätze, 24

Batterie, 10, 38, 39, 61
Bekleidung, 18, 19, 42, 53, 54
Beleuchtung, 5, 45
Benz, Karl, 13
Benzin, 10, 12
Bluebird, 57
Blue Flame, The, 57
BMW El, 61
BMW, 30
Bodenwanne, 8, 30, 34
Bremsen, 4, 19
Brooklands, 50
Bugatti, 20
Buick Skylark, 22

Cabriolets, 25
Cabriot, 12
Cadillac, 20, 41; Coupé de Ville, 22; Eldorado, 25
Campbell, Donald, 57
Campbell, Sir Malcolm, 57
Chasseloup-Laubat, Graf, 56
Chauffeur, 20
Chevrolet Bel Air Hardtop, 23; Corvette, 24; Master, 17
Chrysler New Yorker, 25; Voyager III, 43
Citroën *Traction Avant*, 17
Cugnot, Nicholas, 12
C5-Moped, 43

Dachgepäckträger, 36, 37
Daimler, Gottlieb, 13
Dampfmaschinen, 12
De Dion Modell Q, 16
Delage, 37
Differential, 31, 49
Dragster, 42, 43
Dreiräder, 46
Drive-In-Restaurants, 22, 23, 25
Duesenberg, 16, 20
Dunlop, John, 13

Einspritzmotoren, 10
Einzelradaufhängung, 17, 33, 34
elektrisches System, 39
Elektroautos, 42, 61
Elektronik, 4, 28, 62
Entwurf eines Autos, 6–7, 24, 28

Fahrgemeinschaften, 59
Fahrgestell, 14, 34
Fahrtrichtungsanzeiger, 5
Federung, 15, 33, 34, 35
Ferrari, 50; *Testarossa*, 27
Feststellbremse, 4

Fiat 500, 47; Panda, 37; Topolino, 46
fliegendes Auto, 40, 41
Fließband, 8–9, 14, 15
Ford Doktorwagen, 15; Escort Cosworth, 44; Fairlane Skyliner, 25; Modell A, 24; Modell T, 14, 15; Streifenwagen, 24; Thunderbird, 23
Ford, Henry, 14
Formel-Eins-Rennen, 50–53
frisierte Autos, 24, 41, 42
fünftürige Wagen, 37
„Funny car", 42

Gabelich, Gary, 57
Gänge, 30
Geländewagen, 48–49
Geschwindigkeitsrekorde, 56–57
Getriebe, 5, 10, 14, 30, 49
Golden Arrow, 57
Grand Prix von Monaco, 52

Hillman Imp, 42
Hinterradantrieb, 5
Hispano-Suiza, 20
Hupe, 28

Indianapolis, Rennbahn, 52
Inspektion, 30
Isetta, 46

Jamais Contente, La, 56
Jeantaud, 56
Jeep, 48
Jenatzy, Camille, 56

karierte Flagge, 53
Karosserie, 8, 15, 16, 17, 32, 34–35
Katalysator, 59
Kindersitze, 28
Kleinbusse, 43
Kleinwagen, 46
Knautschzone, 29
Kofferraum, 5, 37
Kolben, 10, 11
Kotflügel, 32
Kühler, 11, 16, 32, 33
Kühlerfiguren, 25
Kühlsystem, 11
Kupplung, 10, 30
Kurbelwelle, 10, 11

Lamborghini, 26
Lancia Lambda, 17
Land-Rover, 48
Lenksäule, 31
Lenoir, Etienne, 12
Lichtmaschine, 11, 39
Limousine, 21; mit Überlänge, 21, 41, 42
Lorraine-De Dietrich, 18
Luxuswagen, 20–21

Marcus, Siegfried, 12
Massenproduktion, 15, 24
Mercedes Benz 300 SL, 27
Mercedes Geländewagen, 49
MG Midget, 26

Mitsubishi RVR, 63
Mondfähre, 41
Morris Cowley, 16; Mini, 46, 47; Minor, 46
Motels, 23
Motor, 5, 10–11, 14, 20, 32, 47, 56, 57
Motorraum, 34
„Motorwagen", 13
Museum, 16

Nissan Sunny, 4, 34, 35
Noble, Richard, 57
Nockenwelle, 11

Öl, 11
Olds, Ransom, 15
Oldsmobile, 15
Ölpumpe, 11
Ölwanne, 11
Opel Calibra, 32, 33
Opel Kadett, 32, 33
Otto, Nikolaus, 12

Panne, 38–39
Pannenhilfsdienst, 39
Parken, 46, 59, 62
pferdelose Kutschen, 13
Pontiac, 25
Porsche, Ferdinand, 27
Porsche 911, 27

Räder, 13, 18
Rallyeautos, 44–45
Reifen, 13, 21, 24, 29, 48, 49, 50, 51
Reliant Rialto, 46
Renault Laguna, 63
Rennen London-Brighton, 16
Rennstrecken, 50, 52
Rennwagen, 50–53
Reparaturen, 18, 31, 38–39
Ricketts, Thomas, 12
Riley, 37
Roboter, 8, 9
Rolls-Royce Silver Ghost, 20

Rückspiegel, 5
Schaltung, 5
Scheinwerfer, 5, 45
Segrave, Major Henry, 56, 57
Sicherheit, 28–29, 52
Sicherheitsgurte, 28, 29
Sinclair, Sir Clive, 43
Sitze, 35
Solarautos, 61
Spoiler, 33, 53
Sportwagen, 24, 26–27
Spyker, 16
Stoßdämpfer, 34, 35
Stoßstange, 29, 32, 33, 35
Stromlinienform, 32

Testwagen, 33
Thrust 2, 57
Trevithick, Richard, 12
Turbulenzen, 33
Türverkleidungen, 9

Überbrückungskabel, 38
Überrollbügel, 28, 45, 48, 49, 54
Umweltverschmutzung, 58, 59

Vauxhall Prince Henry, 26
Ventilator, 33
Ventile, 10, 11
Verbrennungsmotor, 12
Vergaser, 10
Verkehrsstaus, 58
Verteiler, 10
Viertaktmotor, 10, 11
Volkswagen Chico, 63; Käfer, 27, 46, 47
Vorderradantrieb, 5, 17

Wiederverwertung, 60
Williams-Honda, 50, 51
Windkanal, 33

Zahnräder, 11, 30
Zündkerzen, 10, 11
Zündspule, 10
Zylinder, 10

Dorling Kindersley dankt Janet Abbot, Lynn Bresler, Stephen Commiskey, Dorian Spencer Davis, Jonathan Day, David Humphreys, The Automobile Association, BMW (GB) Ltd., Ford Motor Co., Mercedes Benz (UK) Ltd., Mitsubishi Motors, dem National Motor Museum in Beaulieu, Nissan (UK) Ltd., Vauxhall Motors Ltd., VAG (UK) Ltd. für ihre Hilfe bei der Herstellung dieses Buches.